国家社会科学基金项目资助

我国跨区经营企业所得税分配税收协调机制研究

Woguo **Kuaqu Jingying** Qiye Suodeshui
Fenpei Shuishou Xietiao Jizhi Yanjiu

陈 鑫 / 著

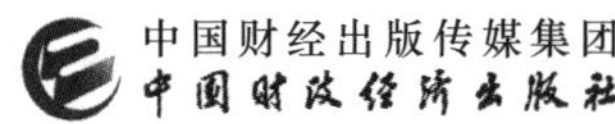

中国财经出版传媒集团
中国财政经济出版社

图书在版编目（CIP）数据

我国跨区经营企业所得税分配税收协调机制研究／陈鑫著. --北京：中国财政经济出版社，2021.7

ISBN 978-7-5223-0576-9

Ⅰ.①我… Ⅱ.①陈… Ⅲ.①企业所得税-税收管理-研究-中国 Ⅳ.①F812.424

中国版本图书馆 CIP 数据核字（2021）第 118230 号

责任编辑：胡　懿　　　　责任校对：张　凡

封面设计：卜建辰　　　　责任印制：党　辉

我国跨区经营企业所得税分配税收协调机制研究

WOGUO KUAQU JINGYING QIYE SUODESHUI FENPEI SHUISHOU XIETIAO JIZHI YANJIU

中国财政经济出版社 出版

URL：http：//www.cfeph.cn

E-mail：cfeph@cfeph.cn

社址：北京市海淀区阜成路甲 28 号　邮政编码：100142

营销中心电话：010-88191522

天猫网店：中国财政经济出版社旗舰店

网址：https：//zgczjjcbs.tmall.com

北京财经印刷厂印刷　各地新华书店经销

成品尺寸：170mm×240mm　16 开　14.75 印张　195 000 字

2021 年 7 月第 1 版　2021 年 7 月北京第 1 次印刷

定价：59.00 元

ISBN 978-7-5223-0576-9

（图书出现印装问题，本社负责调换，电话：010-88190548）

本社质量投诉电话：010-88190744

打击盗版举报热线：010-88191661　QQ：2242791300

前　言

自所得税分享制度改革以及《中华人民共和国企业所得税法》（2018年12月29日第二次修正，以下简称新企业所得税法）实施以来，企业跨区经营和汇总纳税引发的企业所得税地区间分配问题为各界所关注。尽管2008年以来已有多个文件出台规范跨区经营企业所得税的地区间分配关系，但总机构和分支机构所在地、生产地和消费地、发达地区和欠发达地区之间的企业所得税分配矛盾仍未能得到很好的解决。除此之外，电子商务交易日益普遍、企业集团合并纳税成为大势所趋，这使地区间企业所得税分配矛盾日益突出，并对现行跨区经营企业所得税分配规则形成挑战。在我国区域经济发展很不平衡的背景下，当前的跨区经营企业所得税分配规则对区域财政差距起着怎样的调节作用？应建立怎样的跨区经营企业所得税分配规则？本书围绕上述问题展开研究。

第一，本书对加拿大、欧盟、美国的跨区经营企业所得税分配制度进行了考察，同我国的制度安排相比较，得出有益的借鉴。具体而言，考察了加拿大、欧盟和美国有关跨区经营公司所得税税基的地区间分配规则，通过对历史演进、规则理念、制度构建与制度要素的考察，指出合意的跨区经营公司所得税分配规则应具有简单、公平、稳定、平衡的特征，并据此提出了我国跨区经营企业所得税分配规则的改革走向建议；考察了加拿大、欧盟、美国跨区经营公司税基分配中的应税联系规则及所面临的挑战，指出应税联系与跨区税基分配规则结合会产生不同的地区间税收分配效应。为建立我国公平稳定的地区间企业所得税分配规则，应注重应税联系规则与跨区税基分配规则的配合，并相应完善应税联系规则。本书研究了加拿大、欧盟和美国有关跨区经营公司所得税纳税主体的规定与实践，着重分析了公司税的地区间分配属性对跨区经营公司所得税纳税主体制度选择的影响，以及公司税地区间分配属性与公司集团合并纳税制度相容的条件，据此为我国未来企业集团合并纳税所需的制度基础提出改革建议。

第二，本书实证考察了我国地区间企业所得税分配格局及相关的影响机制。具体而言，利用2002—2010年我国省际面板数据，对企业所得税地区间分配的公平性及主要影响因素进行了分析。实证研究结果表明，产业集聚水平越高、总部经济越发达、政治议价能力越强的地区越能从企业所得税地区间分配格局中受益。此外，2008年跨省市总分机构企业所得税地区间分配办法实施后，总部经济对企业所得税地区间分配格局的影响明显加大。本书利用2000—2011年省际企业所得税征收和享用的数据以及分行业的省际企业所得税征收数据，考察了企业所得税在地区间分配的公平性，发现企业所得税向总部经济发达地区集中的趋势非常明显，广大中西部地区在现行企业所得税分配制度下处于劣势。应改革现行企业所得税地区间分配制度以突出其公平性特征。

第三，本书探讨了可能的有助于改善地区间企业所得税状况的分配规则。本书借鉴国际经验构建了八种跨区经营企业所得税分配公式，并使用2008—2011年省级企业所得税相关数据从公平性和稳定性两方面分析了这些分配公式可能的地区间税收分配效应。分析结果表明，统一的、以消费地原则衡量营业收入的多因素分配公式有利于建立更加公平稳定的地区间企业所得税分配格局。

第四，本书考察了我国电子商务发展对地区间企业所得税分配格局的影响。使用2014—2017年省际面板数据进行实证分析，结果表明，电子商务越发达的地区，从其他地区转入的企业所得税越少；但即使如此，电子商务最终依然导致企业所得税分配有利于生产地、总部地和注册地。进一步研究发现，电子商务对地区企业所得税转入的负面影响是通过税收流失实现的。应从税收分配规则、税收征管等方面入手构建良性的地区间企业所得税分配关系。

第五，在本书的结论和政策建议部分，作者结合前述国际经验、实证分析与模拟分析提出在我国区域经济发展不平衡背景下有利于区域经济良性发展的跨区经营企业所得税地区间分配制度的改革建议。本书认为，应以税收方式来处理跨区经营企业所得税的地区间分配问题；以公平和效率原则构建跨区经营企业所得税分配制度；应当构建统一、公平、简单、稳定、平衡、有效的跨区经营企业所得税分配规则；应首先建立企业集团合并纳税与企业所得税地区间分配属性相容的制度基础，择机稳步推进企业集团合并纳税制度；建立有效的地区间税收征管合作、协调与纠纷处理机制。

陈鑫

2021 年 6 月

目　录

1

导　　论

1.1　选题背景与研究意义

1.1.1　选题背景

我国于 2008 年正式实施新的企业所得税制度。新企业所得税制的重要特征是法人纳税，这与原内资企业所得税下以独立经济核算单位作为纳税主体有所不同。从 2002 年起，企业所得税收入在中央和地方之间的分配由按企业隶属关系划分改为中央与地方分成共享。企业所得税的共享税特征、法人纳税特征以及企业跨区经营日益普遍，使跨区经营企业所得税在地区间的分配与协调成为地方政府间财政分配关系的重要内容。

为了规范和协调跨区经营企业所得税的地区间分配关系，2008 年以来，《跨省市总分机构企业所得税分配及预算管理暂行办法》（财预〔2008〕10 号）、《跨省市总分机构企业所得税分配及预算管理办法》（财预〔2012〕40 号）等文件相继发布实施。理想的跨区经营企业所得税地区间分配制度应有助于达成公平、稳定、富有经济效率的地区间税收分配格局，应能较好地协调和平衡总机构所在地与分支机构所在地、生产地与消费地、发达地区与欠发达地区之间的税收利益。我国现行跨区经营企业所得税分配规则是否有助于达成上述目标，需要就该规则所致地区间税收分配效应进行评估，而如果现行分配规则偏离了上述目标，应就潜在的改革路径进行探索。本书主要致力于上述问题的研究。

此外，企业集团所得税合并纳税是我国企业所得税制的改革方向。在我国企业所得税共享税的背景下，探讨跨区经营企业所得税分配规则与企业集团合并纳税制度的互动与相容路径，也是本书的研究重点之一。随着企业通过网络跨区经营越来越普遍，电子商务这种新型交易方式使生产地、销售地与消费地大大分离，本书考察了电子商务对跨区经营企业所得税地区间分配格局的冲击，探讨了有助于达成良性特征的地区间税收分配格局的制度建设方向。

1.1.2 研究意义

本书的研究意义主要有：

第一，有助于充实我国分税制财政管理体制改革的研究。传统的分税制财政管理体制主要处理中央与地方政府间的财政分配关系，对地区间财政分配关系的研究还处于摸索阶段。我国企业所得税的共享税属性、法人纳税特征为我们研究地方政府间税收分配关系提供了一个全新的视角。

第二，在研究跨区经营企业所得税一般分配规则的基础上，研究针对行业特性的特殊分配规则，可以增强跨区经营企业所得税分配规则的弹性，以有针对性地解决地区间企业所得税分配矛盾，避免“一刀切”的风险。

第三，探讨跨区经营企业所得税分配规则与企业集团合并纳税制度的互动与相容路径，有助于更好地发挥企业集团合并纳税制度的优势，提高我国企业所得税制的国际竞争力。

第四，研究电子商务对地区间企业所得税分配格局的冲击与对策，有助于在电子商务环境下构建良性的企业所得税地区间分配规则。

第五，研究现行企业所得税地区间分配格局的特征与影响因素，有助于寻找增进企业所得税地区间分配公平性的潜在路径。

1.2 理论与文献综述

1.2.1 国外跨区经营企业所得税分配的理论分析①

1.2.1.1 公司税地方征收和支配的经济学解释

传统的税收分配理论认为，应将收入稳定、受益原则明显、税负不易输出辖区的税种划给地方政府征收管理并由地方政府支配这些税种的税收收入。根据传统理论，企业所得税显然不适合作为地方税来使用。第一，企业所得税税基具有增减变化的周期性，并不适合作为地方基本公共服务稳定的资金来源。第二，资本具有流动性，把企业所得税作为地方税来处理会导致资源配置无效并导致税负归宿的不确定和复杂化。第二，企业所得税由地方政府征收管理不能很好地体现受益原则。虽然理论上有充足理由质疑企业所得税的地方税属性，但现实是很多国家的非中央级政府都征收公司所得税，且其在非中央级政府财政收入中占有不小比重。对此，Oates（1999）指出，只要应税单位从地方政府提供的公共服务中受益②，基于效率原则，地方政府就应对流动性经济单位征收受益税。Musgrave（1984）认为，对美国各州而言，州政府对州际交易征税是各州的基本税权，各州有权力对来源于本州的收入征税。州政府在行使公司税税权时，应坚持辖区间公平原则。

---

① 本部分内容主要取自本书的阶段性研究成果“我国跨地区经营企业所得税分配的冲突与协调”，参见《税务研究》，2012（6）。

② 例如，地方政府的公共支出提高了该地资本的生产效率。

1.2.1.2 跨区经营公司所得税分配原则的理论探讨

既然理论和实践都有支持地方政府征收企业所得税的证据，那么跨区经营企业的所得税如何在不同辖区之间进行分配呢？Musgrave（1984）提出，如果给定州际税基划分的原则是来源地原则，进入税基分配公式的因素应有利于确定所得的来源地。Musgrave 提到两种方法：一种是供给法（Supply Approach），另一种是供求法（Supply - demand Approach）。在供给法下，来源地是指产生价值增值的初始地，对增加值生产做出贡献的是生产过程中使用的要素即劳动和资本；而在供求法下，所得的来源取决于供给和需求两个方面，供给方面是产生价值增值的初始地，需求方面则是价值的实现地，或者说是产品的使用地。供求法意味着目的地原则的销售因素应进入分配公式。Musgrave 指出，在供给法下，公式分配的结果接近于独立经济核算的结果。但是，当公司不同地区的组成部分在结构上相互依赖时，使用供求法设计分配公式更有意义。美国和加拿大是世界上使用公式法对跨区经营公司所得进行分配的做法最成熟、历史最悠久的国家，他们的公式法就是以供求法为基础设计的。

1.2.2 我国跨区经营企业所得税分配问题的成因[①]

1.2.2.1 企业跨区经营日益普遍是地区间企业所得税分配问题的客观前提

在市场经济条件下，企业跨区经营是企业基于实现成本最小化、利润最大化、市场最大化并降低企业总体风险的必然结果，对促进全国统一市场的形成和促进区域经济的发展具有积极作用。企业通过跨区投

---

① 本部分内容主要取自本书的阶段性研究成果“我国跨地区经营企业所得税分配的冲突与协调”，参见《税务研究》，2012（6）。

资、并购等方式并采用多种组织形式，如总分公司、母子公司以及集团公司等，来实现跨区经营。税收是政府参与 GDP 分配的一种重要方式，税收的基本目的是满足社会公共需要，但对于一国国内的不同地区来讲，税收的主要目的是满足当地民众的社会公共需要。同封闭经济条件下地方政府与辖区内企业之间相对明晰的税收征纳关系相比，随着跨区经营企业在不同地区从事的经营活动日益相互依赖，以独立核算法来判定企业所得税纳税人和其所得归属的方法显然越来越受局限，而各地对跨区经营企业所得税的共享必然会影响特定地区税收收入的来源和规模。

1.2.2.2 政府间企业所得税分享制度改革是跨区经营企业所得税分配问题的直接原因

跨区经营企业所得税分配问题的大规模正式出现，源于 2002 年的企业所得税分享制度改革。2002 年之前，政府和企业的税收分配关系以隶属原则来确定，简单来讲，就是中央企业的所得税归中央政府所有，地方企业的所得税归地方政府所有，中央和地方共同投资的企业，其所得税按照“谁投资，谁受益”的原则进行分配。按隶属关系原则来处理企业所得税分配问题具有加剧地方保护主义、阻碍经济一体化的内在缺陷。2002 年企业所得税分享制度改革的初衷就是解决这个问题（陈鑫，2011）。这次改革关于企业所得税的政府间分配的主要内容是：除了四大国有银行、三大政策性银行，以及铁路运输、国家邮政、海洋石油天然气企业缴纳的所得税继续作为中央收入外，其他企业所得税收入由中央与地方按比例分享。对于跨地区经营、集中缴库的中央企业所得税等收入，按相关因素在有关地区之间进行分配。需要在地区间分配所得税的跨地区经营企业，主要是原隶属于中央的企业和地方金融企业，这些企业具有共同的特征：都是跨地区经营的大型企业或企业集团。

为了解决地区间企业所得税分配问题，财政部制定了《跨地区经营、集中缴库的企业所得税地区间分配暂行办法》（财预〔2002〕5号）以及随后的“正式办法”《跨地区集中缴库企业所得税地区间分配办法》（财预〔2003〕452号）。主要内容是，列出进入所得税跨地区分享名单的企业（总共60家企业），对这些企业所得税的地方分享部分按照企业经营收入、职工人数和资产总额三个因素，使用财政调库方式在相关地区间进行分配。这种分配方式有如下弊端：第一，跨地区经营的大型企业众多而进入分配名单的企业很少；第二，财政分配方式具有低效和不够透明等缺陷，实际执行此办法的企业很少（到2005年，继续执行此办法的企业只有15家）（陈鑫，2011）。总之，2002年企业所得税分享制度改革并未有效解决地区间企业所得税分配问题。大量跨区经营企业所得税由分支机构所在地流入总机构所在地，由于总机构多分布在东部发达地区和大城市，导致地区间企业所得税分配格局严重失衡。

1.2.2.3 法人所得税制使跨区经营企业所得税分配问题普遍化

2008年内外资企业所得税合并、法人纳税规定的全面实施使地方政府间企业所得税分配矛盾全面显现。按照新企业所得税法的规定，居民企业在中国境内设立不具有法人资格的营业机构的，应当汇总计算缴纳企业所得税。法人纳税规定使得跨区经营企业所得税分配进一步扩展到了全国的内资企业和具有居民身份的外商投资企业。如何解决法人纳税下不同地区间企业所得税的分配问题直接关系到企业所得税法的顺利推行。

为了配合新企业所得税制的实施，财政部、国家税务总局和中国人民银行联合印发了《跨省市总分机构企业所得税分配及预算管理暂行办法》（财预〔2008〕10号），试图确立解决跨省市总分机构所在地企业所得税分配问题的规则。主要内容是，由总机构计算当期企业所得税，对于地方分享部分，25%归总机构所在地；50%由分支机构所在地共同分享，采用经营收入、职工工资、资产总额三要素进行分配；25%预缴中央国库，由财政部在各地区间分配。因此，总体上讲，我国企业所得税的共享税属性与法人纳税的推行，共同促使跨区经营企业所得税的地区间分配问题普遍化以及国家层面有关跨省经营企业所得税分配规则的推出，并引发各界对地区间税收分配问题的广泛关注。

1.2.3 国内外研究状况述评[①]

1.2.3.1 国外研究

国际上公司所得税存在地区间横向分配关系的国家和地区并不多，以加拿大、美国最为典型，此外欧盟2004年提出要构建CCCTB制度，即对欧盟区内跨国经营公司的所得采用集团合并纳税，并使用公式对跨国税基在相关成员国间进行分配。我们的国外文献集中于这三个国家或地区。

(1) 美国文献

对跨区经营企业所得税分配的研究，以美国文献最为丰富。有关公司所得税作为非中央级政府筹资来源的合理性：Musgrave（1984）指出，基于辖区间公平概念及来源地标准，公司所得税可适用于非中央级政府，并阐述了美国州际公司所得税协调原则；Oates（1999）从受益角度表达了公司所得税可以由非中央级政府征收的类似看法。

有关美国州公司所得税协调制度的研究：Harriss（1959）对公式分配的要素和权重的选择依据进行了分析。Hildreth等（2005）对美国跨州税收委员会的历史演变以及协调效果进行了评述。Mclure（1967、1980、1981、2000、2002、2005、2008）对美国州际公司税分配机制的历史演进、制度实践、经济效应以及如何改进州际公司所得税协调机制

① 本部分内容主要以本人的博士论文和发表的阶段性成果为基础整理、补充完成。

进行了深入系统的研究。Fox 等（2005）也对跨州经营公司所得税分配框架的构建进行了规范分析。

有关美国跨州公司税基分配规则的经济效应：Mclure（1980）的分析表明，使用公式对跨州经营所得在州际分配，实质上是对分配公式中的要素征税。Goolsbee 和 Maydew（2000）分析了跨州税基分配公式中工薪因素的比重对本州及其他州就业的影响。Gupta 和 Mills（2003）考察了美国跨州公司税基分配规则的州际差异对跨州公司遵从成本的影响，发现州际差异使纳税准备更加复杂、税收筹划机会增加，这二者均导致跨州经营公司遵从成本的提高。

Mclure（2000）分析了数字化时代对美国跨州公司税基分配规则的冲击。Wildasin（2000）比较了美国和加拿大跨州（省）经营公司所得税分配规则，考察了电子商务对跨区税基分配规则的冲击，提出了相关建议。

（2）加拿大文献

Smith（1976）从历史角度考察了加拿大跨省经营公司所得税分配规则的演变。Weiner（2006）从历史演进角度比较了加拿大和美国跨区经营公司所得税分配规则。加拿大财政部曾经于 2010 年 11 月发布了一个有关集团税收的征询稿，考虑实行集团税制。但由于有关集团税收的制度选择未能达成一致，2013 年加拿大宣布集团税收制度的构建暂时搁置。由于加拿大与我国类似，对跨省经营公司的税基采用公式统一分配，且公司税的纳税人是法人，因此加拿大对集团税收的选择与放弃为我国未来引进集团合并纳税提供了有益启示。

（3）欧盟文献

欧盟从 2001 年开始酝酿改革欧盟层面的公司所得税，试图降低欧盟区内跨国经营公司的税制成本。自 2001 年以来有多个文件阐述其公司所得税改革计划（European Commission，2001、2004、2007、2011），经过多年的酝酿构建，欧盟的跨国公司所得税计划的框架与细节逐渐清晰，该计划被命名为 CCCTB，即合并纳税公司税基计划。

有关欧盟的合并纳税与公式分配税基计划的制度选择及可能的经济效应：Hellerstein 和 Mclure（2004）介绍了美国州际公司所得税分配情况及对欧盟的借鉴意义。Weiner（2006）比较了美国和加拿大跨区经营公司税基分配制度，提出了对欧盟的借鉴意义。Weiner（2006）还分析了欧盟的合并纳税和公式分配税基计划可能导致的投资、就业、税收分配和税收竞争效应。Pethig 和 Wagener（2007）用数理分析方法考察了税基的不同分配公式对国家间税收竞争的影响。Fuest，Hemmelgarn 和 Ramb（2007）使用 1996—2001 年德国总公司及国外子公司数据，考察了欧盟 CCCTB 计划对欧盟总税收及成员国税收分配的影响。Devereux 和 Loretz（2008）使用 2001—2005 年欧盟成员国公司层面的数据，模拟了欧盟的合并纳税和公式分配计划对成员国公司所得税分配的影响。

1.2.3.2　国内研究现状

部分文献对美国等国家和地区解决跨区经营公司所得税分配经验进行了介绍，并总结了经验借鉴（王法忠和刘新春，2004；常世旺，2005；王道树，2007 等）。

有关我国跨区经营企业所得税分配办法存在的问题：王法忠和刘新春（2004）较早指出我国的分配办法未区分不同行业、因素数额确定不够细致等缺陷。邓远军（2010）、崔运政（2010）等对我国现行分配制度执行中存在的问题进行了分析。靳万军（2012）提出，现行跨区经营企业所得税分配规则不利于分支机构所在地，而是利于总机构所在地。

我国地区间企业所得税分配的实证研究方面：刘金山和王倩（2009）分析发现，2000—2006 年，企业所得税主要是从中西部地区流向东部地区。李建军（2013）通过测算发现，企业所得税背离具有明显的集中特征，除北京、上海等个别省份外，其他地区均为企业所得税净流出地。

有关总部经济与地区间企业所得税分配的关系：邢俊英（2005）、贾康等（2007）、叶振鹏和周金荣（2008）、邓子基和李为巍（2011）、靳万军（2012）研究发现，总部经济一般会扩大企业所得税地区间分配差距。

有关我国跨区经营企业所得税分配冲突的解决框架：有学者主张将企业所得税转为中央税管理以解决跨区经营企业所得税分配矛盾（胡怡建，2007；张波，2007），但绝大部分研究都主张在不改变企业所得税的共享税特征下构建和完善跨区经营企业所得税分配制度（王道树，2007；叶振鹏和周金荣，2008；等），并在现有分配办法框架下提出完善总分支机构所在地之间税收分配办法的建议（金合赋，2008；靳万军和付广军，2008；邓远军，2010；等）。

国家税务总局“税收与税源问题研究”课题组（2007、2008、2009、2010、2011）收录了跨区经营企业所得税的大量案例，考察了跨区经营企业所得税中的外国跨区税收分配、企业集团税收、税收分配效率，并提出政策建议，这为本书的研究提供了丰富的素材与思路。

1.2.3.3 国内外研究的总体评价

国外对跨区经营公司所得税分配的研究早期侧重于框架性分析。随着分配规则逐渐成熟，研究重点已经转移。一是对既有分配制度与协调规则下的各种经济效应做实证分析，二是结合经济形势发展对现有分配制度细节的进一步完善。美国、加拿大等国家相对成熟的分配规则与相关研究为本书提供了重要的经验借鉴，欧盟的公司所得税分配计划改革的相关研究也为本书提供了更加丰富的素材。国内对跨区经营企业所得税分配的研究侧重于经验借鉴以及对现有分配制度的完善，实证研究不足。此外，我国跨区经营企业所得税分配问题远未解决，还有很大的研究空间，尤其是有关我国跨区经营企业所得税地区间分配的基本原则的理论研究，以及从分行业角度和集团合并纳税角度来完善我国现行跨区经营企业所得税分配制度的研究还较少。

1.3　研究内容与研究方法

1.3.1　基本思路与主要内容

本书按以下思路展开。第一是跨区经营企业所得税分配的理论分析和文献综述；第二是国际经验比较和借鉴；第三是对我国现行跨区经营企业所得税分配格局的实证分析；第四是考察不同分配公式下地区间企业所得税分配格局的变化；第五是电子商务影响我国地区间企业所得税分配格局的实证分析；第六是本书的结论与有关我国跨区经营企业所得税分配的税收协调机制构建的政策建议。主要研究以下内容：

一是梳理国外跨区经营企业所得税分配的经验——选取美国、加拿大、欧盟等国家和地区作为分析重点。本部分包含五方面内容：第一，跨区经营公司所得税税基的统一性比较；第二，跨区经营公司税基分配规则的国际经验与借鉴——一般规则；第三，跨区经营公司税基分配规则的国际经验与借鉴——特殊规则；第四，跨区经营公司税基分配中的应税联系规则的国际比较与启示；第五，有关跨区经营公司所得税纳税主体的选择的国际比较与启示。重点是第二、第三、第四、第五部分。

第二部分考察了加拿大、欧盟和美国有关跨区经营公司所得税税基的地区间分配规则，通过对历史演进、规则理念、制度构建与制度要素的考察，指出合意的跨区经营公司所得税分配规则应具有简单、公平、稳定、平衡的特征，并据此提出我国跨区经营企业所得税分配规则的改革走向建议。

第三部分选取运输业、金融业等特殊行业，考察了加拿大、欧盟和美国对特殊行业的跨区税基分配规则的制度规定和设计理念，指出对我国的借鉴意义。

第四部分考察了加拿大、欧盟、美国跨区经营公司税基分配中的应税联系规则及所面临的（电子商务时代的）挑战，指出应税联系与跨区税基分配规则结合会产生不同的地区间税收分配效应。为建立我国公平稳定的地区间企业所得税分配格局，应注重应税联系规则与跨区税基分配规则的配合，并相应完善应税联系规则。

第五部分考察加拿大、欧盟和美国有关跨区经营公司所得税纳税主体的规定与实践，着重分析了公司税的地区间分配属性对跨区经营公司所得税纳税主体制度选择的影响，以及公司税地区间分配属性与公司集团合并纳税制度相容的条件。分析结果表明，要使公司税的地区间分配属性与公司集团合并纳税相容，需要有公平有效的跨区税基分配规则，据此为我国未来企业集团合并纳税所需的制度基础提出改革建议。

二是评判我国跨区经营企业所得税分配制度的地区间税收分配效应。本部分包含两个方面的实证内容：第一，企业所得税地区间分配的公平性及影响因素；第二，企业所得税地区间分配公平性的比较分析——基于行业的数据。

第一部分利用 2002—2010 年我国省际面板数据，对企业所得税地区间分配的公平性及主要影响因素进行了分析。实证研究结果表明，产业集聚水平越高、总部经济越发达、政治议价能力越强的地区越能从企业所得税地区间分配格局中受益。此外，2008 年跨省市总分机构企业所得税地区间分配办法实施后，总部经济对企业所得税地区间分配格局的影响明显加大。

第二部分利用 2000—2011 年省际企业所得税征收和享用的数据以及分行业的省际企业所得税征收数据，考察了企业所得税在地区间分配的公平性。主要结论是：企业所得税向总部经济发达地区集中的趋势非常明显，广大中西部地区在现行企业所得税分配制度下处于劣势地位。应改革现行企业所得税地区间分配制度以突出其公平性特征。

三是基于生产地原则和消费地原则考察了不同因素法下企业所得税地区间分配的公平性和稳定性。本部分借鉴国际经验构建了八种跨区经营企业所得税分配公式，并使用2008—2011年省际企业所得税相关数据从公平性和稳定性两方面分析了这些分配公式可能的地区间税收分配效应。分析结果表明，统一的、以消费地原则衡量营业收入的多因素分配公式有利于建立更加公平稳定的地区间企业所得税分配格局。

四是探讨了电子商务对我国地区间企业所得税分配格局的影响。本部分首先从理论上分析了不存在税收流失与存在税收流失情况下，电子商务如何与地区间企业所得税分配规则结合影响地区间企业所得税分配格局；然后使用2014—2017年省际面板数据对电子商务影响地区间企业所得税转移的效果和作用机制进行实证考察。分析结果表明，电子商务减少了地区间企业所得税转入，作用机制的分析表明，电子商务是通过税收流失减少地区间企业所得税转入的。从分配格局来看，电子商务的发展有利于总部所在地、注册地以及生产地的企业所得税转入。应加强电子商务下的税收征管，完善地区间企业所得税分配规则。

五是本书的结论与政策建议。本部分总结了本书研究得出的基本结论，并对我国跨区经营企业所得税分配机制的改革与完善提出相关建议。主要政策建议包括：首先，以税收方式来处理跨区经营企业所得税的地区间分配问题；其次，以公平和效率原则来构建跨区经营企业所得税分配制度；最后，构建公平、有效的跨区经营企业所得税分配的税收协调机制，在一般分配规则的构建，特殊分配规则的构建，我国跨区经营企业所得税地区间分配规则构建的制约因素、长期目标与现实选择，推进企业集团合并纳税制度所需的制度建设，地区间税收征管合作、协调与纠纷处理机制等方面提出政策建议。

1.3.2　逻辑框架

本书逻辑框架如图1-1所示。

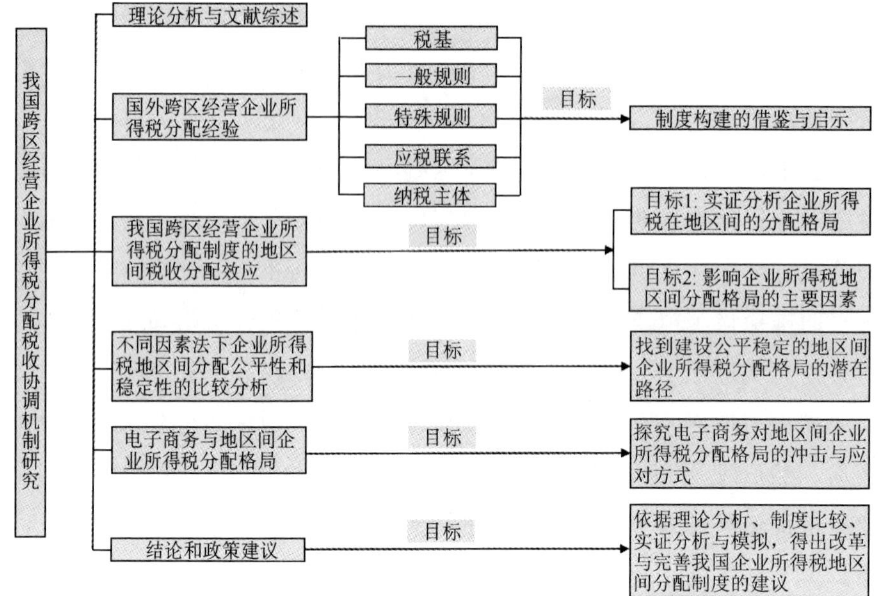

图 1－1　本书逻辑框架

1.3.3　研究方法

1.3.3.1　规范分析

运用财政学、税收学、福利经济学等学科知识，考察我国跨区经营企业所得税分配制度设计所需遵循的原则。

1.3.3.2　比较分析

选取加拿大、欧盟、美国的跨区经营公司所得税分配制度和实践，与我国的制度和实践做对比，对税基、税基分配规则、应税联系、集团税制等方面的异同进行了考察，结合我国国情，获取其中有益的借鉴。

1.3.3.3　实证分析

综合运用计量经济学、灰色关联度、统计学等方法对我国跨区经营企业所得税分配制度进行考察。具体而言，构建统计指标、建立面板数据模型，利用省际面板数据，考察了我国跨区经营企业所得税分配制度的省际税收分配效应和影响机制；借鉴国际经验，构建八种分配公式，使用模拟和比较分析方法，考察了不同分配公式下企业所得税地区间分配的公平性和稳定性；采用面板数据模型、面板空间计量经济模型、工具变量法，考察了电子商务对我国地区间企业所得数分配的影响效果与影响机制。

1.4　主要贡献与不足

1.4.1　主要贡献

首先，本书以已存在或将存在跨区经营公司所得税地区间分配关系的国家和地区的跨区公司税基分配制度为研究对象，较为系统地考察了这些国家和地区的税基确定、税基的一般分配规则、税基的特殊分配规则、应税联系及在电子商务时代所面临的挑战、合并纳税与公司税的地区间分配属性的相容性等内容，提出对我国的借鉴意义。研究发现，跨区税基的分配规则、应税联系、集团合并纳税制度是有机联系的、具有内在统一性，应注重它们彼此在构建公平、稳定、有效的地区间税收分配格局中的配合作用。

其次，本书构建了面板数据模型，初步厘清了影响我国跨区经营企业所得税地区间分配格局的机制；在理论分析、制度比较、实证分析的基础上，结合国际经验，以税收分配为前提，以消费地和生产地、总机构所在地和分支机构所在地的税收分配矛盾为突破口，构建了八种不同的分配公式，与现行地区间企业所得税分配格局在税收分配的公平性和稳定性方面进行比较，找到了潜在的改进我国地区间企业所得税分配格局的分配公式，从而为我国现行跨区经营企业所得税地区间分配制度的改革和完善提供了可能的思路；通过理论阐释和面板数据模型构建，将电子商务的税收收入效应、流失效应、分配效应综合考虑，探讨了税收流失背景下电子商务对地区间企业所得税分配格局的影响。

最后，本书提出在我国企业所得税仍为中央和地方共享税的前提下，对跨区经营企业所得税在地区间的分配应采用税收分配方式，应纠正偏向总机构的分配规则、放弃财政分配方式；以公平和效率原则来构建我国跨区经营企业所得税分配制度；跨区税基分配规则应具备统一、公平、简单、稳定、平衡、有效的特征；应着力建设公平、有效的跨区经营企业所得税分配规则，以此作为未来集团税制重启的制度基础，增进企业集团合并纳税与企业所得税地区间分配属性的相容性；为建立公平稳定的地区间企业所得税分配格局，应注重应税联系规则与跨区税基分配规则的配合，并相应完善应税联系规则，以应对电子商务时代的挑战。

1.4.2 研究的局限

首先，数据方面，本书在研究跨区经营企业所得税分配制度的税收分配效应时，虽然获取了部分省市有关财政分配方式获得的税收、总机构所在地获得的税收以及分支机构所在地获得的税收数据，但资料搜集难度极大，无法获得所有省份相关的数据。此外，即使是现有的数据，经过倒推之后，发现其准确性在各省之间难以印证，存在矛盾。故而，本书实证部分采用了省际宏观数据，而未采用企业微观数据和地区中观数据。使用宏观数据虽不影响结论的方向，但会影响结论的精确性。

其次，研究内容方面，近年来电子商务迅猛发展，大大冲击了跨区经营企业所得税的地区间分配格局。本书通过考察国际经验与我国制度实践，发现应税联系与跨区经营企业所得税分配规则配合会导致不同的地区间税收分配效应，就我国而言，为构建公平稳定的地区间税收分配格局，需要更加公平和有效的地区间分配规则，以及以此为导向的应税联系规则的重新设计。随后在实证部分探讨了电子商务冲击地区间企业所得税分配格局的效应与作用机制，然而有关电子商务背景下应税联系规则未来的设计思路尚需做进一步的研究。

同样，有关企业集团合并纳税与企业所得税地区间分配属性如何相容，本书主要从企业集团合并纳税所需的制度基础——跨区经营企业所得税地区间分配规则方面做了分析，而关于企业集团合并纳税制度与企业所得税地区间分配属性相容的制度细节规定缺乏细致的分析，这也是本书研究的缺憾。

2

跨区经营公司所得税的地区间分配制度

——国际比较与借鉴

本章侧重对跨区经营公司所得税的地区间分配制度进行国际比较。国际上公司所得税存在地区间横向分配关系的国家和地区并不多，以加拿大、美国最为典型，此外欧盟2004年提出要构建CCCTB制度，即对欧盟区内跨国经营公司的所得采用集团合并纳税，并使用公式对跨国税基在相关成员国间进行分配。加拿大的省、美国的州、欧盟各国，均有公司所得税的开征、税率制定、税收减免等税权，我们的分析主要基于跨区经营公司所得税税基在地区间分配的规则。

美国和加拿大均开征了州（省）公司税，州（省）的税权包括立法权、征收权以及收入使用权。两国均为典型的对跨州（省）公司税基通过公式在地区间分配的国家。欧盟虽说是国家联盟，但计划采用统一的集团税制并对跨国税基在成员国间使用公式分配，分配公式的制定参考了美国和加拿大的制度实践，贯彻了公平、稳定等分配理念。这些都值得我们研究和借鉴。因此，本章以上述三个国家和地区为对象展开国际比较。本章包括五方面的内容：

（1）税基的比较；

（2）一般分配规则的比较；

（3）特殊分配规则的比较；

（4）应税联系规则的比较；

（5）纳税主体的比较。

2.1 跨区经营公司所得税税基的统一性比较

本节主要对加拿大、欧盟、美国和我国有关跨区经营公司应予分配税基的统一性与分配程序进行比较。

2.1.1 加拿大

2.1.1.1 跨省经营公司所得税的税基

目前加拿大的10个省和3个地区都有公司所得税的立法权，征收自己的公司所得税，我们统称为省公司所得税。如果一家公司在任意一省（或地区）设有常设机构（permanent establishment），就应同时计算缴纳联邦公司所得税和省公司所得税。如果在两个或两个以上省（或地区）设有常设机构，则还要就其跨省所得向两个或两个以上省（或地区）计算缴纳公司所得税。方法是先计算跨省的应税所得，即跨省税基，再按公式进行分配。有关加拿大跨省经营公司的税基，有以下特征：

（1）省际税基高度一致

每家跨省经营公司不需要根据各省规定来单独计算跨省税基，因为加拿大跨省经营公司的税基以联邦公司所得税税基为准，这在各省间高度一致。

根据联邦征税协定（Federal Collection Agreements），加拿大联邦政府通过加拿大税务局统一征收和管理联邦和省（或地区）公司所得税，联邦政府承担相应的征税成本，各省（或地区）同意使用联邦税税基和统一的省际税基分配公式（Weiner，2006）。截至2020年，只有阿尔伯塔省和魁北克省没有加入该协定。因此，就加入协定的省（或地区）而言，跨省税基（应税所得）是高度一致的。即使是未加入协定的阿尔伯塔省，也采用联邦公司所得税的税基作为计算该省公司所得税税基的起点。

（2）不会造成对省际税基的重复征税

加拿大对跨省经营公司的税基在省际采用两因素公式进行分配。公式中包含的要素是营业收入（gross revenue）和工薪（salaries and wages)，两因素所占权重均为1/2。根据联邦征税协定，各省采用同样的分配公式在省际分配税基，因此各省的因素比重之和为100%，不会造成对税基的重复征税，也不会造成对税基的征税不足。对税基的重复征税和征税不足现象却在美国各州普遍存在。加拿大即使是未加入征税协定的省，纳税人也应在纳税申报表中注明相关因素在各省的分布情况，以此来确保这些省不对税基过度征税（Weiner，2006）。

2.1.1.2 评价

使用统一税基对跨省经营公司所得进行分配具有管理和遵从两方面的优势，于联邦、省和纳税人均有利，因此这种做法在加拿大延续了半个多世纪依然非常稳定。

2.1.2 欧盟

2.1.2.1 统一的跨国税基

根据欧盟委员会CCCTB工作小组（2007）[①] 以及欧盟委员会（2011）[②] 有关CCCTB的建议，欧盟计划采用集团合并纳税，所有加入集团合并纳税计划的公司集团成员，不管在欧盟哪个成员国经营，应就其来自欧盟境内的所有所得，计算集团的统一税基，再在集团成员所在地之间按公式分配税基。

欧盟委员会（2011）有关CCCTB计划的建议给出了计算集团税基的一系列规则。根据文件，公司集团按照统一规则计算集团的应税所得，不采用各国税制来计算公司集团在各国的税基。此外，根据CCCTB计划，公司集团将提交一份单独的合并纳税申报表（consolidated tax

---

① 参见 *CCCTB: possible elements of a technical outline* 及 *CCCTB: possible elements of the sharing mechanism*，欧盟委员会网站。

② 参见 *Proposal for a Council Directive——on a Common Consolidated Corporate Tax Base (CCCTB)*，欧盟委员会网站。

return)，按照公式计算出各集团成员应予分配的税基后，各国可以继续适用本国税率计算应征收的公司所得税额，以确保各国公司税制的灵活性。此举据称是为了系统地解决欧盟内部市场的税收障碍，促进欧盟统一市场的构建。

2.1.2.2 评价

统一的税基具有明显的效率优势，可以降低跨国经营企业的遵从成本和税务部门的管理成本。然而，统一的税基意味着欧盟成员国各国将失去部分公司税税权，这会降低各国税收政策的灵活性。因此，如何在政治上获得成员国的同意是一项极大的工程。按照欧盟委员会（2011）的建议，CCCTB 计划将只涉及税基的计算，而不会影响财务会计，即成员国继续保持自己的财务会计规则。显然，该方案将有利于提高成员国对 CCCTB 计划的接纳度。同时，自 2005 年 1 月 1 日起，在欧盟上市的公司被要求使用国际财务会计准则（International Financial Reporting Standards）来提供财务信息（Weiner，2006），这也有利于从制度上为未来 CCCTB 计划的运行和推广奠定基础。

2.1.3 美国

2.1.3.1 当前实践

美国的州政府有税收立法权，目前有 46 个州和哥伦比亚特区开征了公司所得税（陈鑫，2011）。不征州公司所得税的有内华达州、得克萨斯州、华盛顿州和怀俄明州。如果按照所在州的税法规定，跨州经营公司的经营行为与该州构成了“应税联系”，则应就其经营所得向所在州缴纳公司所得税。

（1）州公司税税基的计算起点是联邦公司所得税

州公司所得税一般以联邦公司税的应税所得作为计算州公司所得税税基的起点。这主要出于纳税人要求降低遵从成本和审计负担的呼吁

(Hellerstein and Mclure, 2004)。由于各州公司税政策规定存在差异,按照各州税法调整后的州公司税税基在州际是有差异的。

(2) 跨州经营公司应予分配的税基是跨州经营所得

与加拿大省公司税和欧盟 CCCTB 计划不同,跨州经营公司在各州间予以分配的税基是公司的经营所得,而非公司各种来源的所得。其原因是,联邦宪法对州政府的征税权有限制。根据联邦宪法中的贸易条款(commercial clause)和正当程序条款(due process clause),州不能对与该州没有合理联系的所得征税。这类免于对州外所得征税的条款称为"统一经营原则"(unitary business principle)。该原则的核心是,应予在州际分配的所得须从同一项统一经营中取得,且至少有部分发生在该州境内,即该项统一经营所得至少发生在两个州境内,才能作为跨州税基在州际分配。

实践中,某州的税基包含两部分,一部分是归属于该州的非经营所得,一部分是根据各州税法规定调整获得的跨州经营所得乘以该州的分配比例,即归属于该州的经营所得。经营所得和非经营所得的归属原则不同,归属于某州的经营所得是对跨州税基进行公式分配的结果;非经营所得则是按照既定原则归属于某具体的州,不使用公式在州际分配。

具体而言,跨州经营公司所得归属于某州的部分是按下列步骤计算的:第一,某州对纳税人以联邦公司所得税的应税所得为起点,根据该州税法规定调整为净所得,减去纳税人的非经营所得,得到纳税人的所有经营所得。第二,按照该州使用的分配公式计算该州经营所得的分配比例,再乘以纳税人总经营所得,得到归属于该州的经营所得。第三,按照该州税法对所有归属于该州的非经营所得加总。第四,归属于该州的经营所得加上归属于该州的非经营所得,即为该州的公司税税基(Weiner, 2006)。

(3) 经营所得和非经营所得的区分

各州有关经营所得和非经营所得的区分规定有差异,本书以美国跨州税收委员会（MTC）制定的《分派与分配规定》（Allocation and Apportionment Regulations，简称 AAR）[①] 以及所管理的《应税所得统一分配法案》（The Uniform Division of Income for Tax Purposes Act，简称 UDITPA）[②] 来对两者的区分加以了解。大多数州以 AAR 为基础来确定经营所得和非经营所得的归属，州际略有差异。

按照交易检验规则（transactional test），所谓经营所得（business income）是指来自纳税人日常贸易或经营过程中的交易和行为所得；按照功能检验规则（functional test），如果纳税人对有形和无形资产的取得、管理和处置构成纳税人日常贸易或经营行为的组成部分，则经营所得也包括来自有形和无形资产的所得（陈鑫，2011）。无论是交易检验或功能检验规则，都须满足统一经营原则，即交易或行为、或财产应与该州内进行的同一贸易或经营紧密相联。*Mobil Oil Corp. v. Commissioner of Taxes of Vermont*, 445 *U. S.* 425（1980）案例中，美国最高法院裁定，各州可以对来自无形资产的所得进行分配，前提是无形资产与纳税人的整体经营有关。已有州如此实践（Mclure，2008）。

非经营所得（non - business income）是除了经营所得以外的所有所得，包括来源于不动产或有形动产的租金和特许权使用费、资本利得、利息、股息、专利或著作权的特许权使用费，通常是公司凭借其拥有的资产取得的消极所得。非经营所得按照一定原则分派给某特定州。UDITPA 将大部分非经营所得分派给纳税人的商业住所（commercial domicile）所在地（雷根强和陈鑫，2010）。

2.1.3.2 评价

美国州公司税税基有两个特点：第一是调整后的跨州公司税税基有州际差异；第二是跨州公司税税基区分为经营所得和非经营所得，且各

① 参见 MTC 网站相关内容。

② 参见 MTC 网站相关内容。

州确定经营所得和非经营所得的规定也有差异。

（1）美国州公司税税基不统一的后果

美国州公司税税基不统一造成的直接后果是征税不足与征税过度并存。有少数州不征收公司所得税，还有的州，如特拉华州，对利息、特许权使用费等来自无形资产的所得不征收公司所得税。许多跨州公司在特拉华州设立子公司，由子公司持有公司的商标或专利，并向母公司收取特许权使用费。这使公司规避了非经营所得应负担的公司所得税。这是个征税不足的例子。同样，若加州某公司将产品出售给华盛顿州（不征收州公司所得税），当确定所得归属采用目的地原则时，该笔所得成了无地所得，即该笔所得不需向任一州缴税，这种情况也属于征税不足（陈鑫，2011）。为了避免上述后果，有些州引进联合申报（针对第一例）或掷回原则①（针对第二例）来处理。对非经营所得，有的州使用公式在州际分配，有的州使用特定分配法，这种差异性做法在实践中又可能造成对同笔非经营所得的过度征税。

（2）州公司税税基区分为经营所得和非经营所得的必要性及后果

美国各州将跨州经营公司的所得区分为经营所得和非经营所得，且两者有不同的划分方式，这是历史特点决定的，源于联邦政府对州政府征税权的限制。在美国各州均有公司税的税收立法权背景下，为防止州政府无限制扩张征税对象以及减轻纳税人的负担，联邦政府限制州征税权的规定是必要的。Hellerstein 和 Mclure（2004）认为，当所得来源地容易确定时，可以直接将所得归属于该地，而当某项所得来源于多地、无法确切地将所得归于某地时，才需要用公式在多地间分配，此时经营所得和非经营所得的区分具有理论意义。然而，两者的划分带来一些问题：

第一，精确划分所得的代价是高昂的实施成本。当某项所得的性质

---

① 掷回原则（throw back），对于有形动产的销售而言，若某项所得在买方所在州是非应税的，则销售所得掷回到卖方所属州。

界定困难时、当某项非经营所得的“商业住所”概念模糊时，在实践中要厘清这些问题涉及大量诉讼。

第二，引起州际恶性税收竞争以及大量的税收筹划行为。为获取对非经营所得的征税权，各州会竞相降低税率，产生冲向底部的税收竞争。纳税人为最大限度地减轻税负，会利用州际税法规定的差异进行大量的税收筹划。欧盟正是考虑到美国各州区分所得性质带来的消极后果，计划将欧盟内跨国纳税人的来源于欧盟的所有所得作为统一的税基在成员国间分配，这正是对统一性和精确性权衡后的选择。

2.1.4 中国

根据《中华人民共和国企业所得税法》的规定，居民企业在中国境内设立不具有法人资格的营业机构的，应当汇总计算并缴纳企业所得税。具体步骤是，由汇总纳税企业根据企业所得税法计算包括汇总纳税企业所属各个不具有法人资格分支机构在内的全部应纳税所得额，再按照公式和各地税率在总机构和各分支机构之间分摊税额。我国实行统一的企业所得税法，税基的计算也是全国统一的。这防止了对跨区税基的征税过度和征税不足。我国与加拿大规定的不同之处在于，加拿大的省可以决定自己的公司税政策，确定了归于本省的公司税税基后，可以接着适用本省的税率和享受相关的税收减免。我国的税收立法权则由全国人大及其常委会行使，其他任何机构和部门非经授权都没有制定税收法律的权力。这是由两国的政治体制差异决定的。

2.2 跨区经营公司所得税地区间分配规则的国际经验与借鉴

我国的企业所得税是中央与地方共享税，2008 年新的企业所得税法明确企业的纳税主体为法人，若居民企业在中国境内设立不具有法人资格的营业机构，应汇总计算缴纳企业所得税。因此，汇总计算缴纳的企业所得税存在省际如何分配的问题。刘金山和王倩（2009）、李建军（2013）、陈鑫和刘生旺（2013）等研究发现，我国地区间企业所得税分配差距正在拉大，主要表现为企业所得税从中西部地区流入发达的东部地区，这说明我国现行企业所得税分配规则自身存在导致不公平的内在机制。本节的研究目的是，通过比较加拿大、欧盟和美国跨区经营公司所得税分配规则的历史演进、基本理念、框架构成与制度要素，为我国跨区经营企业所得税分配规则的改进提供借鉴。

以下分配规则的比较主要是一般规则的比较，即这些规则主要适用于一般的制造和销售业，各国（或地区）根据本国（或地区）的情况可能设立针对特定行业的特殊分配规则。

2.2.1 加拿大

2.2.1.1 从地理意义上的独立核算到公式分配

早期加拿大省级公司所得税对跨省经营公司所得省际分配的规定有两种办法可供公司选择：独立核算法和公式分配法。独立核算法即将公司在每个省内的常设机构看作独立的公司，计算每个常设机构对所在省的公司税义务。公式分配法，即将公司的跨省税基按照固定公式在省际分配。由于独立核算法相对比较复杂，管理成本较高，且会损害公式分配的统一性，随着时间的推移，公式分配法逐渐取代了独立核算法（Smith，1976）。至20世纪50年代后期，加拿大各省均放弃了独立核算而采用公式分配法。

2.2.1.2 分配公式的要素与权重

加拿大现行税法规定，如果某公司在两个或两个以上省份设有常设机构，说明该纳税人有来源于两个或两个以上省份的所得，应就该公司的应税所得在这些省之间进行分配。分配的办法是公式分配法，公式包含的要素是营业收入（gross revenue）和工薪（salaries and wages）因素，两因素权重均占1/2。根据加拿大税法[①]，某一纳税年度，如果一个公司在某省和其他省都有常设机构，则某省获得的应税所得额为：

（该省的常设机构的营业收入/该公司总的营业收入）×1/2×该公司该纳税年度应税所得额+（支付给该省常设机构雇员的工薪/该公司支付给雇员的工薪总额）×1/2×该公司该纳税年度应税所得额

2.2.1.3 要素的定义、归属地与计量

（1）工薪

加拿大各省间有关工薪和营业收入的定义统一采用联邦政府的定义。工薪包括公司支付给雇员的薪酬和其他应税收益，不包括支付给非公司雇员的佣金。工薪应归于雇员通常工作所在省的常设机构，总机构的管理人员的工薪应归于总部所在省份（Weiner，2006）。

（2）营业收入

营业收入不包括公债、公司债券或抵押贷款的利息、股本的利息，

---

① 参见 *Income Tax Regulations Section 402*。

以及与公司主营业务无关的财产的租金和特许权使用收入。

首先，对于产品而言，营业收入的归属主要按照目的地原则来划分，即营业收入应归于顾客所在地的常设机构。

如果公司在顾客所在省或国家没有常设机构，则营业收入归于产品的生产或制造地；若该产品的生产或制造涉及多个省份，则营业收入应在这些省份的常设机构间按比例进行分配，归于某省常设机构的营业收入为该省常设机构雇员的工薪占生产或制造该商品的所有省份的常设机构雇员工薪总额的比重。

除了上述情形，如果公司在顾客所在的省或国家没有常设机构，则营业收入归于订立合同的人所属的常设机构。

其次，对于劳务：按照发生地原则来划分营业收入，即营业收入应归于劳务发生地的常设机构。如果公司在劳务发生地没有设常设机构，则营业收入归于订立合同的人所属的常设机构。

最后，对于土地的租赁收入：营业收入归于土地所在省的常设机构。

2.2.1.4 加拿大一般分配规则的讨论

加拿大省际公司税税基分配公式简单、公平，在省际高度一致，便于管理和遵从，要素定义明确，流动性较小，能够形成稳定的分配格局。此外，在长期的实践中，还形成了有关九个特殊行业的特殊分配规则，以适应行业特征。

(1) 分配公式在省际高度一致

虽然加拿大的省和地区均有独立的公司所得税立法权，但由于绝大部分省和地区均加入了联邦征税协定（Federal Collection Agreements），联邦政府获得了统一征收和管理联邦和省（或地区）公司所得税的征管权，并以承担征管成本的代价换取各省（或地区）同意使用联邦公司税税基和统一的税基分配公式。这使得加拿大的分配公式在省际呈现高度一致的特点。此外，加拿大的省际税基分配公式是联邦、省与纳税人的观点经过相当长时间的大量协商和妥协的结果，因此加拿大的分配公式获各方高度认可。统一的分配公式意味着管理的便利和较低的遵从成本，自 20 世纪 60 年代以来，各省几乎没有偏离此公式的动力（Weiner，2006）。

（2）分配公式简单、公平

1946 年以前，各省曾经使用营业收入（gross revenue）一个因素来分配省际税基，这使得总公司所在地获得了大量公司税税基（Smith，1976）。为了平衡总部和分公司所在地之间的税收利益，1946 年开始将单因素变为双因素公式，即加入了工薪（salaries and wages）因素。这个分配公式进一步考虑了生产地对公司税税基的贡献。总体上，一般分配规则的制定比较注重简单、公平，而不是省际分配的精确性。

（3）分配公式考虑行业特点

在长时间的历史演进中，随着经济形势的变化，逐渐发展出适合加拿大国情的一般分配规则和特殊分配规则。如果一般规则对某些行业的分配效果较差，则会发展出适合这些行业的特殊分配规则。如船舶运营、铁路运输、保险公司、银行业等九个行业的分配公式，这些特殊行业的分配公式结合了行业特点，注重公平和实际，其分配公式也是经过长期修订而成的。

（4）分配公式的要素定义明确、分配格局稳定

具体表现在：倚重常设机构是否分布在不同省（或地区）来确定是否需要在省际划分公司税税基，按照目的地原则来确定营业收入归属于哪里的常设机构，按照生产地原则确定工薪归属于哪里的常设机构，有关常设机构、营业收入、工薪的定义均统一采用联邦的定义，营业收入与工薪的权重相等。上述规定显示，相关要素具有确定性特征。此外，目的地原则的营业收入与生产地原则的工薪这两个要素的流动性较小，税基不容易受到纳税人操纵，可以获得省际稳定的税基分配格局。

2.2.2 欧盟

欧盟自2001年以来就在酝酿改革欧盟层面的公司所得税，以消除欧盟内跨国经营企业面临的重复征税、各国税制差异造成的高昂的遵从成本、跨国企业集团内部转让定价造成的各国税收损失以及缺乏合并纳税规定等制约欧盟统一市场进程的税收障碍。2004年，欧盟委员会提出建立CCCTB制度以取代目前的以独立核算（separate accounts）和公平交易（the arm's length standard）为基础的转让定价税制。2007年，欧盟委员会CCCTB工作小组（Common Consolidated Corporate Tax Base Working Group，以下简称CCCTB工作小组）的两个文件（European Commission，2007）[①] 提供了有关CCCTB的制度框架及如何对跨国公司税基进行分配的基本内容，其中*CCCTB*：*possible elements of the sharing mechanism*阐述了有关合并纳税集团的税基如何在集团成员间分配的方案。2011年欧盟委员会又给出了一份有关CCCTB的建议（European Commission，2011）[②]。本书将以上述文件为基础考察欧盟跨国经营公司所得税的一般分配规则。

2.2.2.1 分配公式的要素与权重

欧盟委员会CCCTB工作小组（2007）和欧盟委员会（2011）均建议税收分配机制要同时考虑到供给和需求两方面在公司所得创造中的作用，建议采用多因素的分配公式，以保证分配结果的稳定性。建议采用三因素分配公式：利润创造的供给方面是指劳动（labour）和资本（capital）两个生产要素；利润创造的需求方面是销售额（sales）。其

---

① 参见*CCCTB*：*possible elements of a technical outline*及*CCCTB*：*possible elements of the sharing mechanism*，欧盟委员会网站。

② 参见欧盟委员会文件*Proposal for a Council Directive——on a Common Consolidated Corporate Tax Base*（*CCCTB*），欧盟委员会网站。

中，劳动以工薪（payroll）和雇员数来衡量，两者权重相等；资本用资产（assets）来衡量，资产不包括无形资产、金融资产以及存货。劳动和资产的衡量采用生产地原则；销售额的衡量采用目的地原则。欧盟委员会（2011）进一步明确劳动、资产和销售额三要素的权重相等。

那么，一个公司集团中成员 A 在某纳税年度应予分配的税基是：

$$\text{成员 A 的税基} = \left[\frac{1}{3} \times \frac{\text{销售额}^{A}}{\text{集团的销售额}} + \frac{1}{3} \times \left(\frac{1}{2} \times \frac{\text{工薪}^{A}}{\text{集团的工薪额}} + \frac{1}{2} \times \frac{\text{雇员人数}^{A}}{\text{集团的雇员人数}}\right) + \frac{1}{3} \times \frac{\text{资产价值}^{A}}{\text{集团的资产总额}}\right] \times \text{集团应予分配的总税基}$$

2.2.2.2 要素的范围、归属地与计量

（1）雇员人数与工薪

①雇员。集团成员的所有雇员均被包含在内，包括经理和董事。雇员的定义应遵循员工工作所在国的国内立法。雇员应包括虽未被集团成员直接雇佣，但从事了公司正式员工所应履行的劳务的人。雇员人数应以税收年度年末的数值计量。

②工薪。为计算税基时可以作为费用扣除的报酬，包括薪金、工资、红利及其他所有的报酬，以及由雇主承担的养老金和社会保险。

③归属原则。CCCTB 工作小组（2007）建议以雇员提供服务的地点来确定劳动的归属地。一般情况下，某地某集团成员工薪册上登记的员工，其工作所在地与该集团成员所在地吻合。但是，如果员工工作所在地与该集团成员所在地并非同一成员国，应以员工实际工作所在地作为劳动的归属地，以此来确定雇员和工薪的归属地。

欧盟委员会（2011）进一步明确，若某雇员被归为某集团成员的劳动要素，则该雇员的工薪也应界定为该集团成员的劳动要素。雇员应归入为其发放工资的集团成员，即单个雇员的归属地与工薪的归属地应是一致的，且以工薪的归属确定雇员的归属。

欧盟委员会（2011）提出，对雇员的工作实施控制与管理的集团成员与给雇员发放工资的集团成员不一致时，如果满足一定条件（这种工作状态至少持续三个月，且此类雇员人数占所有由某集团成员发放工资的雇员人数的5%以上），则雇员以及工薪全部归入对雇员的工作实施控制与管理的集团成员。这是对当雇员实际工作地与发放工资地不一致时，何种情况需按实际工作地确定雇员和工薪归属的一种限制。该种变化体现出欧盟委员会在分配的公平性与遵从、管理效率之间的权衡。

（2）资产

①范围。CCCTB工作小组（2007）和欧盟委员会（2011）均建议资产要素应包括集团成员拥有或租赁的所有固定有形资产。基于可操作性和简便性，建议资产范围仅包括固定有形资产（土地和建筑物，工厂和机器，其他配件、工具和设备），不包括无形资产、金融资产和流动资产（包括存货）。

由于存货具有流动性特点，更容易受到纳税人操纵，会影响分配结果的稳定性，为了防止纳税人将存货置于低税地区降低税负，规定将存货排除在资产范围之外。金融资产不被包含在内，同样是由于其流动性大，且价值较高，容易造成税基转移。对于金融机构应进行例外处理。资产中不包含无形资产则是基于可行性。无形资产在确定归属地和计价时存在困难。第一，计价存在困难，自有无形资产计价存在困难，主要的问题是无法计价或者估价成本过高，增加纳税人的遵从成本。第二，无形资产往往是由整个集团创造或使用，很难归属于集团的某个成员，从而归属地确认发生困难。第三，无形资产富有流动性，能被集团用作税收筹划工具在不同成员国间转移部分税基。CCCTB工作小组（2007）认为，尽管将无形资产排除在资产范围之外不能全面衡量所得创造的因素，但实际上无形资产的贡献在其他要素中也间接反映出来了。例如，研发人员的工资、商品或劳务的销售额等均有无形资产的贡献。

② 计价。CCCTB 工作小组（2007）建议使用每年年末资产的税收减记价值，即历史成本减去税法允许扣除的折旧。欧盟委员会（2011）则建议，土地及其他不需折旧的固定有形资产以初始成本计价；其他固定有形资产以税收年度年初和年末计税价值的均值计价。2007 年的建议中有关资产的计价强调简单原则，而 2011 年的建议强调用均值来反映税收年度资产价值的波动，更重视公平原则。

纳税人租用的资产，应以净年租金的八倍计价。

③归属原则。CCCTB 工作小组（2007）建议按照资产的实际使用地来确认资产归属地，以防止集团以减轻税负为目的的要素转移。欧盟委员会（2011）则建议，资产应归于经济所有者[①]所在地。如果无法确认经济所有者，则资产应归于法律所有者所在地，同时进一步建议，若某资产的实际使用者不是该资产的经济所有者，且该类资产占到实际使用该资产的集团成员所有固定有形资产价值的 5% 以上，则该资产归于资产的实际使用者。该条建议是当资产所有者与实际使用者不一致时，何种情形需要按实际使用者确认资产归属的限制性条件，同样反映了欧盟委员会对分配的公平性与遵从和管理的效率之间的权衡。

④其他情形。为了防止出现集团内部将资产转移到低税地区再出售的税收筹划情况，欧盟委员会（2011）特别设置了一项反避税规则，主要内容是，如果某一个或几个纳税年度内，资产在集团内部转移后被出售给集团外的第三方，则除非集团成员能证明资产的集团内部转移是出于真正的商业原因，否则从资产的内部转移至出售期间，资产应归属于初始转让者。

（3）销售额

①概念。CCCTB 工作小组（2007）和欧盟委员会（2011）均建议

---

① 经济所有者（economic owner）是指，实质上拥有某固定资产的所有收益与风险的人，无论该人是否是该资产的法律所有者（legal owner）。若某纳税人有权占有、使用和处置某固定资产，且承担资产的损失和灭失风险，则该纳税人被视为经济所有者。见欧盟委员会（2011）相关资料。

采用目的地原则的销售额概念。CCCTB 工作小组（2007）认为，需求是所得创造中的一个重要因素，所得的实现依赖于产品的售出。

目的地原则的销售额衡量的则正是需求方在所得创造中的作用。目的地原则的销售额概念有以下优点：第一，不容易被操纵，即不容易通过转移该要素进行税收筹划。由于目的地原则的销售额不容易移动，公司无法像控制资产和雇员那样来控制消费者所在地。第二，目的地原则的销售额因素可以平衡生产国和消费国的利益。生产国的利益通过供给方（资产和劳动）获得税基，而消费国通过需求方（销售额）获得税基。因此，此概念不会重复欧盟成员国增值税的税收分配效应。CCCTB 小组强调，目的地原则的销售额因素进入分配公式并不意味着对该要素（即消费）征收了新税，而是以该要素为基础在辖区间分配税权。

生产地原则的销售额因素概念则有以下缺点：第一，极大重复了劳动和资产在所得生产中的作用。第二，产地原则的销售额因素会导致税基的错误归属，因为它没有考虑中间要素在所得生产中的作用。第三，产地原则的销售额因素容易受到操纵。

②范围。符合条件的销售额应是公司的核心业务所得，即销售货物和提供劳务的所得。利息、红利以及特许权使用费等消极所得不应包含在内，除非这些所得也属于公司的日常经营所得。之所以将这些消极所得排除出去，原因是这些所得移动性强，确定所得的归属过程也很复杂，会极大增加遵从成本。集团成员内部之间销售商品和提供劳务的所得不应包含在内。

③计价。销售额应是计算税基时的销售额，欧盟委员会（2011）对各种情形的销售额的确定做了解释。

④归属原则。欧盟委员会 CCCTB 工作小组（2007）的建议比较详尽：

一般规则。销售额应归属于最终实物交割地。如果无法确认，则为销售链条中最后可确认的实物交割中的第三方接受者所在地。可以使用增值税规则和相关凭证来确认商品和劳务的目的地来降低遵从成本。

销售产品。不动产的销售额应归属于不动产所在地。动产的销售额应归属于实物交割地，即最终目的地，因为实物交割地多数情况下与购买方所在地重合。

提供劳务。与不动产有关的劳务提供，其销售额应归属于不动产所在地。其他劳务的提供，销售额应归于劳务的实际使用地或享用地，即劳务提供的目的地原则。例如，饭店和餐饮服务、文化、艺术、体育、科学、教育、娱乐等类似劳务，在移动资产上提供的辅助服务应归于活动实际举行地。电信服务、广播电视服务以及远程教学服务应归于消费者所在地。

如果集团在某成员国或第三国产生销售额，但在该国没有应税存在(即没有子公司或分公司)，则建议适用广义掷回原则（spread throw - back rule)，即将该笔销售额按照各集团成员的劳动和资产的比重占整个集团劳动和资产的比重来确定归属于每个集团成员的销售额。广义掷回原则意味着给其他两个要素更多权重。

若发生在某成员国的销售额有两个或两个以上的集团成员，则该笔销售额应按照该国各集团成员的劳动和资产的比重占该国所有集团成员的劳动和资产的比重来确定归属于每个集团成员的销售额。这也属于广义掷回原则。

CCCTB 工作小组（2007）不推荐美国各州广泛使用的丢弃原则(throw - out rule）以及纯粹的掷回原则（throw - back rule)，因为这些规则均会导致出现不连贯的分配结果。

欧盟委员会（2011）的建议在以下方面与 CCCTB 工作小组(2007）的建议有差异：

一是销售商品。商品销售额应归于最终实物交割地的集团成员。如果最终实物交割地无法确认，则销售额应归属于最后可确认的商品所在地的集团成员。

二是提供劳务。劳务提供所得应归于劳务的实际发生地的集团成员。

三是若将免税收入、利息、股息、版税及资产处置所得归入销售额因素，则这些所得应归于受益人。

相比而言，欧盟委员会（2011）补充了将消极所得归入销售额因素的归属原则，虽建议使用目的地原则下的销售额，但对商品销售和劳务提供的具体情形下销售额的归属原则缺乏细致阐述。

2.2.2.3 欧盟一般分配规则的讨论

从 CCCTB 工作小组（2007）的建议到欧盟委员会（2011）的建议，我们发现欧盟有关区内跨国税基分配的规则建议越来越注重可操作性和实用性。总体而言，欧盟的 CCCTB 计划还主要停留在框架和理论层面，尚未真正实施，因为 CCCTB 计划涉及成员国税权的让渡，该计划的细节还在不断调整。从上述框架中我们可以看出欧盟跨国经营公司所得税分配规则的一些理念。

（1）强调分配结果的稳定性

稳定性包括两方面：

第一，多因素公式与大致相等的权重。CCCTB 计划建议使用多因素的分配公式，将雇员人数、工薪、资产和销售额多要素均包括在内，且给予每个要素均衡的权重。同多因素公式相比，少因素公式的结果对单个要素数额的变动更加敏感，分配格局不够稳定。过分倚重某要素也易导致不稳定的分配格局。

第二，强调分配要素的不易流动性、归属地的易确定性和要素价值的易衡量性。分配要素流动性高、归属地确认困难、要素价值不易衡量，都会导致不稳定的税基分配格局。CCCTB 计划通过资产和销售额要素的规定试图避免这种后果。其中，资产要素排除了无形资产、金融资产和流动资产（包括存货）。流动性强是这三类资产的共同特性，如果将这三类资产纳入资产要素，纳税人会通过资产转移、利用成员国间公司税税率差异来减轻纳税义务，由此导致成员国间税基分配格局的不稳定和不可预测。此外，无形资产和金融资产还因价值高、不容易确定归属地，容易引发大量争议、大大增加征管和遵从成本而被排除在资产要素之外。

销售额要素采用目的地原则，因为相比目的地原则的销售额，产地原则的销售额更具流动性和不易确定，容易为纳税人操纵。

（2）强调分配结果的公平性

这体现在选取要素的原则上：从供给和需求两方面考虑公司所得的创造，用资本和劳动代表供给方的生产，用目的地原则的销售额代表所得的实现，兼顾生产地和所得实现地的税收利益。

（3）强调分配规则的简单和可行性

分配规则应简单、可行，以不大幅增加遵从成本为前提。例如，资产的范围尽量排除可能引起遵从和征管成本大幅增加的无形资产、金融资产和流动资产。销售额的范围仅包括公司核心业务所得，排除了消极所得。适用目的地原则的销售额在欧盟能较好地实现，因为目的地原则的增值税在欧盟各国普遍实施。

2.2.3 美国

2.2.3.1 分配公式的要素与权重

（1）从地理意义上的独立核算到公式分配

美国州公司所得税早期对跨州经营的公司使用地理意义上的独立核算法，公司在不同地区的经营应被视为独立的公司经营，并分别计算税基。当彼此依赖的跨州经济活动大量出现时，很难用地理意义上的独立核算法确定公司在某州的纳税义务。使用公式对跨州经营所得在州际分配，无论从管理上还是遵从上均有优势。至1950年，美国的州已经基本上都使用了公式分配法（Weiner，2006）。

（2）马萨诸塞分配公式

早期各州对跨州经营公司的哪些所得需要在州际分配、使用什么公式进行分配的规定差异较大。1957 年，美国统一州法律委员会 NCCUSL（National Conference of Commissioners on Uniform State Laws）通过了《应税所得统一分配法案》（*The Uniform Division of Income for Tax Purposes Act*，简称 UDITPA），以促进州际公司所得税分配规则的统一。UDITPA 将跨州纳税人的所得分为经营所得和非经营所得，需要使用公式在州际分配的是经营所得，对非经营所得按来源地原则指派给某州。这是因为经营所得往往同时发生在两个或两个以上的州，是跨州公司在各州的各个部分统一运营的结果。非经营所得则通常与跨州纳税人的日常经营活动无关，是公司凭借其拥有的资产取得的消极所得。非经营所得一般指派给纳税人的商业注册地。这与加拿大和欧盟对跨区纳税人全部税基使用公式在地区间分配的做法不同。对于跨州经营所得，UDITPA 规定采用马萨诸塞州首创的三因素分配公式。三因素是指资产（property）、工薪和销售额，三因素的权重均占 1/3。某跨州纳税人某纳税年度跨州经营所得（前提是该跨州纳税人对该州负有纳税义务）中应归于某州的份额为：

$$\left(\frac{\text{公司在该州拥有或租用的资产价值}}{\text{公司拥有或租用的资产价值总额}}+\frac{\text{公司支付给该州员工的工薪}}{\text{公司支付的工薪总额}}+\frac{\text{公司在该州的销售额}}{\text{公司的总销售额}}\right)/3$$

马萨诸塞分配公式背后的逻辑是：采用需求和供给共同反映企业利润的创造，供给采用劳动和资本来衡量，使用工薪和资产价值来代表劳动和资本，需求采用消费来衡量，使用目的地原则的销售额来代表消费（雷根强和陈鑫，2010）。到 1977 年，几乎所有开征公司所得税的州都采用了马萨诸塞分配公式。

（3）对马萨诸塞分配公式的偏离

偏离表现在两方面：一是对三因素均等权重的偏离，二是对三因素的偏离。1978 年的“摩尔曼制造公司与拜尔”（Moorman Manufacturing Co. v. Bair）（437 U. S. 267，1978）案例中，最高法院认为，爱荷华州使用销售额单一因素来确定归属于该州的应税经营所得，这种做法没有违背联邦宪法中的贸易条款（Commerce Clause）和正当程序条款（Due Process Clause）（陈鑫，2011）。该案例判决成为各州偏离马萨诸塞分配公式的转折点。

按照 Mclure（1980）的分析，使用公式对跨州经营所得在州际分配，实质上是对分配公式中的要素征税，即对资产、工薪、销售额征税。降低公式中资产和工薪的权重甚至将其降为零权重，可以使生产（资本和劳动）的税负减轻，以鼓励企业在本州投资建厂。各州基于本州的政策目标选择自己的分配公式。

Moorman 案后，各州逐渐调整本州的分配公式，要么降低分配公式中资产和工薪因素的比重，要么采用单因素的销售额分配公式。至 2015 年 1 月，美国约有 15 个州使用销售额双倍权重的三因素公式（即销售额权重为 1/2，其他两个因素权重各为 1/4）、9 个州使用马萨诸塞式公式、21 个州采用单一销售额因素的分配公式[①]。

尽管有对马萨诸塞公式的偏离，就美国税务管理协会的资料来看，仍有 19 个州有关跨州公司经营所得的分配方法与分配要素的规定大量取自 UDITPA。1967 年美国跨州税收委员会（the Multistate Tax Commission，简称 MTC）成立后，成为管理 UDITPA 的组织，UDITPA 的内容融入跨州税收委员会制定的《指派与分配规定》（*Allocation and Apportionment Regulations*，简称 AAR）。我们以 UDITPA 及 AAR 为基础探讨美国跨州经营公司经营所得的州际分配规则（雷根强和陈鑫，2010）。

---

① 资料来源：美国税务管理协会网站 http：//www. taxadmin. org/.

2.2.3.2 经营所得分配中的要素定义、归属地与计量

（1）工薪（payroll）

①范围。工薪是指纳税人在税收期间为日常贸易或经营所支付的全部报酬，包括工资、薪金、佣金及其他形式的报酬（雷根强和陈鑫，2010）。工薪应是与经营所得有关的报酬。

②归属地。按照失业赔偿法案（Model Unemployment Compensation Act）来确定工薪的归属地。具体而言，工薪因素的归属按照雇员实际工作所在地或劳务的主要发生地原则来确定。

（2）资产（property）

①范围。资产包括纳税人所拥有或租用的、并在日常贸易或经营中使用的不动产和有形动产（real and tangible personal property），即用于经营所得的资产（雷根强和陈鑫，2010），具体而言包括土地、建筑物、机器、库存商品、设备和其他不动产和有形动产，但不包括硬币和通货。

②计价。纳税人所拥有的资产应按其原始成本计价，所谓的原始成本是指纳税人在计算联邦所得税时所要求的资产价值，即取得时的价值。若资产的原始成本无法确定，则采用纳税人取得该资产时的公平市场价格。纳税人租用的资产的计价方法与欧盟相同。

③归属地。按照使用地原则来确定资产归属。对于移动性强的资产，按照各州的使用时间占总使用时间的比重来确定归属于某州的资产价值。

（3）销售额（sales）

①范围。销售额是指纳税人在其日常贸易或经营过程中的交易和行为的总收入（gross receipts）（雷根强和陈鑫，2010），包括制造商品、提供劳务、不动产或有形动产的出租、无形资产的销售、转让、许可等的收入。

②归属地。

A. 有形动产销售额的归属地：

一般原则：按照目的地原则来确定，销售额归于商品的最终收件人所在地（雷根强和陈鑫，2010）。

销售掷回（throwback of sales）：若买方所在州未开征州公司所得税，或者买方为联邦政府，则销售额归入商品的起运地。这是为了防止纳税人通过税收筹划来降低或逃避纳税义务。销售掷回实际上是按起运地或生产地原则来确定销售额归属。若起运地未开征州公司所得税，且销售机构所在地与起运地不一致，则销售额归入销售机构所在地。

实践中，有些州使用丢弃原则（throw out rule），即如果有销售额无法确定归属地，则将该笔销售额从销售额因素中去除（Weiner，2006）。

B. 与不动产有关的销售额归于不动产的坐落地。

C. 劳务所得的归属地。如果某项所得生产行为（income producing activity）完全发生在某州，则销售额应归于此州，即按照发生地原则来确定劳务所得的归属。

D. 无形资产的销售、特许使用等所得的归属地。依据发生地原则将该种所得归于所得生产行为所在州。若来自无形资产的经营所得无法识别所得生产行为所在州，则将该项所得从销售额因素中剔除。

有关提供劳务和无形资产的所得，实践中，若某所得发生于两个或两个以上州，各州的处理有多种方式。有的按照 UDITPA 的规定根据实施成本原则将销售额全部归于主要发生地；有的州根据实施成本比例在相关州之间划分销售额；有的按照劳务发生时间在州际分配销售额；有的则按目的地原则将销售额归于目的州（Mclure，2000）。

2.2.3.3 美国跨州税收委员会推动跨州经营所得分配规则的最新进展

上述分析发现，UDITPA 以及 AAR 中有形动产的销售是按照目的地原则来确定销售额的归属的，而劳务提供、无形资产的销售却是按照发生地或生产地原则来确定销售额的归属，即销售额的归属原则存在矛盾。为解决此矛盾，2002 年美国跨州税收委员会通过了《对企业行为征税的要素存在联系标准》（*Factor Presence Nexus Standard for Business Activity Taxes*），该规章提出，对于劳务、无形资产和数字化产品的销售、租赁以及许可的所得，应按照目的地原则确定销售额的归属（陈鑫，2011）。

2.2.3.4 美国一般分配规则的讨论

美国跨州经营公司所得税分配规则最明显的特征是历史演化性和差异性的结合。

（1）州政策目标驱动下的演化性

这一点可从一般分配规则所包含的要素与要素权重的变化体现出来。美国跨州经营公司所得税分配规则曾经在州际高度统一。然而，随着各州政策目标的不断变化，各州逐渐对分配规则加以调整和改变以更好地实现州的政策目标。曾经马萨诸塞分配公式的流行，反映出早期各州对一致分配规则的认同；Moorman 案后大量州将分配规则看作实现本州政策目标的工具。生产州更倾向于降低生产要素的税负，以促进投资，这导致销售额因素的权重不断提高甚至单因素销售额分配公式盛行；消费州也倾向于使用销售额权重更高的分配公式；资源州倾向于继续保留三因素分配公式（陈鑫，2011）。演化的结果是马萨诸塞分配规则、对销售额赋予双倍权重的三因素公式以及单因素销售额分配公式同时并存，这反映出各州州情及政策目标的差异。

（2）州际差异性、复杂性

各州有关跨州税基的分配规则差异较大，表现在：经营所得和非经营所得的规定差异；非经营所得分配规则的差异；进入分配规则的要素的差异；分配规则要素权重的差异；要素定义的差异；对劳务和无形资产所得归属地的差异；掷回原则与丢弃原则的使用差异等等。

这种差异造成两个后果：一是跨州经营公司纳税遵从成本高昂；二

是分配规则差异为跨州经营的公司提供了大量的税收筹划机会。Gupta 和 Mills（2003）调查发现，大公司在州公司所得税上的遵从成本是联邦公司所得税的两倍。分配规则差异使得纳税人从中获取税收筹划机会来少交或不交州公司所得税。例如，如果商品起运地是不实行掷回原则的州，目的地是无需征收州公司所得税的州（如不开征州公司所得税或者与目的地州不构成应税联系），则该笔商品交易所得无需向任何一州缴纳州公司所得税。

使用差异的跨州经营公司所得税分配规则在实现州政策目标时也带来一些其他不良后果。Goolsbee 和 Maydew（2000）发现，降低本州分配规则中工薪的比重虽然可以增加州内就业及经济增长，但却会抑制其他州的就业和经济增长，这称为以邻为壑的就业效应。

2.2.4 中国

2.2.4.1 从地理意义上的独立核算到公式分配

1994 年以来，我国跨省经营企业所得税分配经历了以独立核算为主到按公式分配为主的转换。

（1）地理意义上的独立核算为主（1994—2001 年）

此阶段有关企业所得税的规定，有针对内资企业的《中华人民共和国企业所得税暂行条例》（1993 年发布）以及《外商投资企业和外国企业所得税法》（1991 年发布）。内资企业所得税的纳税主体是实行独立核算的企业或组织。这实际就是地理意义上的独立核算，即将企业在某省的经营机构看作独立实体单独计算该实体向该省税务机关应纳的企业所得税。外资企业所得税的纳税主体是企业法人，即如果外资企业通过设立分支机构跨区经营，应由总机构汇总缴纳所得税；外国企业在中国境内有两个或两个以上营业机构的，应合并纳税。但是，对于跨省经营的外资企业汇总缴纳的税收以及外国企业合并缴纳的税收如何在省际分配缺乏明文规定。

该阶段企业所得税主要按照企业隶属关系和“谁投资、谁受益”的原则在中央和地方政府间分配，即中央企业的所得税归中央政府所有，地方企业的所得税归地方政府所有，中央和地方共同投资的企业，以及不同地方政府共同投资的企业的所得税按照“谁投资，谁受益”的原则进行分配。

此阶段虽有企业集团合并纳税的试点并有相应的企业所得税征收管理办法，如《国家税务总局关于印发〈加强汇总纳税企业所得税征收管理暂行办法〉的通知》（国税发〔1995〕198号）、《国家税务总局关于汇总（合并）纳税企业所得税若干具体问题的通知》（国税发〔1998〕127号）、《国家税务总局关于汇总（合并）纳税企业实行统一计算、分级管理、就地预交、集中清算所得税问题的通知》（国税发〔2001〕13号）等，但只是针对经国务院批准试点的大型企业集团，并未普遍化，而且也不适用公式分配。

总体来看，该阶段内资企业跨区经营企业所得税分配以独立核算为主，外资企业跨区经营企业所得税分配缺乏明确规则。

（2）公式分配的引入及多种分配方式并存（2002—2007年）

2002年所得税分享制度改革将企业所得税改为中央与地方共享税。改革的主要内容是，除了四大国有银行、三大政策性银行，以及铁路运输、国家邮政、海洋石油天然气企业缴纳的所得税继续作为中央收入外，其他企业所得税收入由中央与地方按比例分享。同时，先后出台的财预明电〔2001〕3号、财预〔2002〕5号、财预〔2003〕452号等文件规定，对部分跨区经营的企业由总机构所在地汇总缴税，按因素法公式对跨区企业所得税在总分机构所在地间进行分配。涉及公式分配的企业主要是原隶属于中央的企业和地方金融企业。进入所得税分享名单的企业，其集中缴库的企业所得税的地方分享部分按照企业经营收入、职工人数和资产总额，使用财政调库方式在相关地区间分配。但是，因由于分配办法采用财政分配方式，过程不够透明且效率低下，故实际使用该办法的企业很少。实践中，2002—2007 年企业所得税的地区归属方法多样而复杂[①]。

（3）公式分配（2008 年以来）

2008 年新的企业所得税法实施，内外资企业所得税统一实行法人纳税，跨区经营企业应纳的所得税由总机构汇总缴纳。为了解决跨省市总分机构企业所得税的省际分配问题，我国颁布财预 2008〔10〕号文件以及国税发〔2008〕28 号文件，对跨省市总分机构企业建立了统一的地区间所得税分配规则。具体内容是：按照“统一计算、分级管理、就地预缴、汇总清算、财政调库”的处理办法，总分机构统一计算的当期应纳税额的地方分享部分，25% 由总机构所在地分享，50% 在各分支机构所在地间按公式进行分配，25% 由财政部按照 2004—2006 年各省市实际分享企业所得税占地方分享总额的比例定期向各省市分配。在上述分配规则运行 5 年之后，从 2013 年起，跨省（市）经营企业的所得税按照财预〔2012〕40 号文件、国家税务总局公告 2012 年第 57 号文件的规定在省际分配。

2.2.4.2 现行一般分配规则

（1）规则概述

根据《财政部　国家税务总局　中国人民银行关于印发〈跨省市总分机构企业所得税分配及预算管理办法〉的通知》（财预〔2012〕40 号）、《国家税务总局关于印发〈跨地区经营汇总纳税企业所得税征收管理办法〉的公告》（国家税务总局公告 2012 年第 57 号），跨省市总分机构统一计算的当期应纳税额的地方分享部分，25% 由总机构所在地分享，50% 由各分支机构所在地分享，25% 按一定比例在各地间进行分配。即总机构所在地按照固定比例分享，各分支机构所在地按公式分

---

① 王道树：“企业所得税归属机制研究”，《财贸经济》2007（4）。

享，剩余部分按照财政方式分配给各省（市）。

（2）分支机构应予分配的税额

①公式要素及权重。对跨省市总分机构统一计算的当期应纳税额的地方分享部分中的50%部分，使用三因素分配公式在分支机构间进行分配，三个因素为营业收入、职工薪酬和资产总额，三个因素权重依次为0.35、0.35和0.3。

②要素的定义、计量与归属地。分支机构营业收入，是指分支机构销售商品、提供劳务、让渡资产使用权等日常经营活动实现的全部收入。

分支机构职工薪酬，是指分支机构为获得职工提供的服务而给予各种形式的报酬以及其他相关支出。

分支机构资产总额，是指分支机构在12月31日拥有或者控制的资产合计额。国家税务总局公告2012年第57号进一步指出，分支机构资产总额指分支机构在经营活动中实际使用的应归属于该分支机构的资产合计额。

分支机构的营业收入、职工薪酬和资产总额依照国家统一会计制度的规定核算。

（3）财政分配

对跨省市总分机构统一计算的当期应纳税额的地方分享部分的25%，由财政部按照2004—2006年各省市三年实际分享企业所得税占地方分享总额的比例定期向各省市分配。各省市分配系数如表2-1所示。

（4）2002年分配规则、2008年分配规则与2012年分配规则对比

表2-2是2002年分配规则、2008年分配规则与2012年分配规则主要内容的对比。

表 2-1　　跨省市总分机构企业所得税地区间分配系数　　单位：%

地区	分配系数	地区	分配系数
合计	100.0000	青岛	1.2680
北京	9.4415	河南	3.0216
天津	2.3860	湖北	2.1679
河北	2.9786	湖南	1.3096
山西	2.1158	广东	10.6091
内蒙古	1.0442	深圳	3.1355
辽宁	2.8655	广西	1.0789
大连	0.8346	海南	0.2571
吉林	0.8328	重庆	0.7978
黑龙江	1.0276	四川	2.3656
上海	13.6772	贵州	0.9303
江苏	10.1367	云南	1.9329
浙江	7.6386	西藏	0.0474
宁波	2.1729	陕西	1.3036
安徽	1.8285	甘肃	0.4788
福建	2.4513	青海	0.1480
厦门	0.8214	宁夏	0.1499
江西	1.0486	新疆	0.4505
山东	5.2457	—	—

资料来源：财预〔2008〕25 号文件。

表 2-2　　不同时期跨区经营企业所得税分配规则对比

	2002 年规则	2008 年规则	2012 年规则
分配方式	财政分配	税收分配与财政分配	税收分配与财政分配
总机构是否单独分配	否	是	是
分支机构	公式分配	公式分配	公式分配
公式要素	企业经营收入、职工人数、资产总额	分支机构经营收入、分支机构职工工资、分支机构资产总额	分支机构营业收入、分支机构职工薪酬、分支机构资产总额

续表

	2002 年规则	2008 年规则	2012 年规则
要素权重	0.35、0.35 和 0.3	0.35、0.35 和 0.3	0.35、0.35 和 0.3
资产总额含义	企业资产总额是指企业拥有或者控制的能以货币计量的经济资源，包括各种财产、债权和其他权利。	分支机构资产总额是指分支机构拥有或者控制的除无形资产外能以货币计量的经济资源总额	分支机构资产总额是指分支机构在 12 月 31 日拥有或者控制的资产合计额。是分支机构在经营活动中实际使用的应归属于该分支机构的资产合计额
资产总额的计量	各省企业资产总额按以省为单位汇总的分支机构合并会计报表数计算。在所在省未设分支机构且直接从事经营活动的企业总部，其资产总额计入所在省，除此之外的企业总部资产总额均不计入所在省	以企业财务会计决算报告数据为准	依照国家统一会计制度的规定核算的数据
经营收入（或营业收入）的含义	指企业在销售商品或者提供劳务等经营业务中实现的全部营业收入	分支机构经营收入，是指分支机构在销售商品或者提供劳务等经营业务中实现的全部营业收入	分支机构营业收入，是指分支机构销售商品、提供劳务、让渡资产使用权等日常经营活动实现的全部收入
经营收入（或营业收入）的计量	在所在省未设分支机构且直接从事经营活动的企业总部，其经营收入计入所在省，除此之外的企业总部经营收入均不计入所在省。各省企业经营收入按以省为单位汇总的分支机构合并会计报表数计算。各省企业经营收入按以省为单位汇总的分支机构合并会计报表数计算	以企业财务会计决算报告数据为准	依照国家统一会计制度的规定核算的数据

续表

	2002 年规则	2008 年规则	2012 年规则
职工人数的含义与计量	企业职工人数是指年度平均职工人数，为企业年初和年末在编职工人数的平均值。其中，在编职工为人事关系和工资关系均在企业的固定职工、劳动合同制职工，不包括离休、退休人员。各省企业职工人数按以省为单位汇总的分支机构会计报表数计算。企业总部的职工人数计入所在省	无	无
职工工资（或薪酬）的含义	无	是指分支机构为获得职工提供的服务给而给予职工的各种形式的报酬	是指分支机构为获得职工提供的服务而给予各种形式的报酬以及其他相关支出
职工工资（或薪酬）的计量	无	以企业财务会计决算报告数据为准	依照国家统一会计制度的规定核算的数据
补缴与退税的分担机制	未说明	补缴的税款由总机构全额就地缴入中央国库，不实行与总机构所在地分享。多缴的税款由中央和地方分担	补缴和多缴的税款由总机构、分支机构所在地、中央和地方按各自分配比例分担

2.2.5 加拿大、欧盟和美国跨区经营公司所得税分配规则对我国的借鉴意义

2.2.5.1 合意的跨区经营公司所得税分配规则应具有的特征

从加拿大、欧盟和美国跨区经营公司所得税分配规则的构建理念和实施经验来看，合意的跨区经营企业所得税分配规则应具有以下特征：简单、公平、稳定、平衡。

简单意味着要素的确定、计量与归属具有可操作性，具有遵从和管理优势。

公平意味着一以贯之的分配规则，要素的选择能够正确反映企业利润的贡献来源。

稳定意味着要素的多寡、要素的确定、要素的权重能够带来地区间稳定的分配格局。

平衡意味着要素的选择、要素的归属地确定、要素的权重能够平衡不同地区的税收分配利益。

上述特征均需在地区间统一的跨区经营公司所得税分配规则下才能实现。

以下将参考上述特征以及国际经验来讨论我国现行跨区经营企业所得税分配规则的特征。

2.2.5.2 我国跨区经营企业所得税分配规则的局限性与改革方向

(1) 我国与加拿大、欧盟、美国跨区经营企业所得税分配规则的异同

加拿大、欧盟、美国、中国跨区经营企业所得税分配规则主要内容对比如表 2-3 所示。

表 2-3　　加、欧、美、中四国（地区）分配规则总结

	加拿大	欧盟	美国	中国
分配方式	税收分配	税收分配	税收分配	税收分配与财政分配结合
公式要素数目	2	4	多为 3 个	3
公式要素	工薪、营业收入	工薪、雇员人数、资产、销售额	工薪、资产、销售额	营业收入、职工薪酬、资产总额
公式要素权重	1/2、1/2	1/6、1/6、1/3、1/3	多为 1/4、1/4、1/2 和 1/3、1/3、1/3	0.35、0.35、0.3
要素定义	统一	统一	差异	统一
销售额（营业收入）的归属原则	目的地原则	目的地原则	主要是目的地原则	产地原则

（2）我国跨区经营企业所得税分配规则的特征与局限性

第一，固定比例、公式分配与财政分配相结合。我国跨区经营企业所得税分配规则不是单纯的公式分配，而是固定比例、公式分配与财政分配的结合。这一方面使得分配规则趋于复杂，另一方面税收分配中对总机构和分支机构区别对待，不利于贯彻税收分配的公平原则。此外，企业的居住地选择具有人为性和多变性，总机构所在地分配优势会引发各省针对总部的竞争，不利于构建稳定的税收分配格局。

第二，产地原则的营业收入。多因素的分配公式有利于平衡各地税收利益，各要素内涵的确定也应体现税收分配中的平衡概念。从加拿大税收分配规则的演化、欧盟税收分配规则的理念以及美国历史上马萨诸塞规则的内涵，均可看出税收分配规则的制定应兼顾不同地区的税收利益，包括产地和消费地的利益、总机构和分支机构所在地的利益等。具体体现在分配规则中就是既包括产地原则的要素，也包括消费地原则的要素。我国跨区经营企业所得税分配规则虽采用多因素公式，但全部采用产地原则来确定归属地。从逻辑上讲，这是出于保证税收分配效率的需要；从历史和现实而言，也与我国产地原则的流转税的征收和分配制度密切相关。但是，从跨区经营企业所得税分配结果来看，产地原则下的营业收入不利于维护消费地的税收利益。

（3）改革方向

与合意的跨区经营公司所得税分配规则应具有的特征相比，我国跨区经营企业所得税分配规则具有不公平、不稳定的特征，也不能很好地平衡地区间的税收分配利益。改革方向应包含以下几点：第一，采用统一的跨区经营企业所得税分配规则对跨区税基进行分配，取消对总机构所在地的单独分配和财政分配方式。第二，全部采用税收分配方式分配税基，即对跨区税基统一使用多因素的分配公式在总、分机构所在地间分配。第三，未来应探索实施消费地原则的流转税，为跨区经营企业所得税分配中消费地原则的营业收入的实施提供制度准备。使用包含消费地原则的营业收入的跨区经营企业所得税分配的三因素或四因素分配规则，结合消费地原则的流转税，可以有效缓解现行企业所得税（以及流转税）从消费地流出到产地的趋势，平衡产地与消费地、总机构所在地与分支机构所在地、发达地区与欠发达地区之间的税收利益。

2.3 分配规则的国际比较——特殊规则

本节主要以运输业、金融业以及多业经营情形为例来对比欧盟、加拿大和美国特殊行业的跨区税基分配规则，对我国的特殊分配规则进行分析。

2.3.1 概述

2.3.1.1 加拿大

加拿大对保险公司、银行、信托和贷款公司、铁路公司、航空公司、公路运输、船舶运营、管道经营等九个行业制定了公司所得税的特殊省际分配规则。对跨境运输业，如铁路、公路、船舶运输，以及管道运输，除了采用工薪作为分配因素之一，还采用了反映其行业特点的因素，如里程数等因素；对航空业采用了固定资产和飞行里程收入因素；保险公司、银行等行业也采用了反映行业特点的因素。虽然对九种行业制定了特殊的分配规则，但规则本身简单易行，比较公平合理，且是长期演化、实践的结果。

2.3.1.2 欧盟

欧盟委员会 CCCTB 工作小组（2007）[①] 认为，由于某些经济部门

---

① 参见 *CCCTB：possible elements of the sharing mechanism*，欧盟委员会网站。

的特殊性质，一个涵盖所有经济部门的单一的分配公式其实不能充分反映这些部门利润创造中各要素的重要性。针对某些特殊部门，需要特殊的分配公式，但应注意两点：第一，应使用尽可能少的特殊分配公式，以防分配制度变得复杂。第二，应尽可能使用一般分配公式的要素定义来衡量特殊分配公式的要素，即尽量不使用完全不同的分配公式，以便从事不同经济业务的集团纳税人使用。CCCTB 工作小组（2007）并未给出针对具体行业的特殊分配公式，但工作小组初步认为金融服务、交通服务（例如航空和铁路）、广播电视服务需要制定特殊的分配公式。2011 年欧盟委员会的一份有关 CCCTB 的建议①给出了金融业、保险业、油气勘探与生产、内河运输、航空运输业所得税的分配公式。

2.3.1.3 美国

美国对金融机构、货车运输、航空公司、铁路运输、电视和无线电广播、出版业、电信及辅助服务提供商、建筑承包商等八个行业制定了特殊分配规则，主要体现在美国跨州税收委员会（MTC）的分配规定范本（Model Apportionment Regulations）中。各州在实践中会有所偏离。总体来讲，美国的特定行业的分配规则比较复杂，特殊分配规则其特殊性主要表现在：使用的要素定义与一般分配规则的规定有差异，关于某要素如何进行州际认定也体现了行业特点。

2.3.2 铁路运输

2.3.2.1 加拿大

根据 *Income Tax Regulations Section 406*，某铁路公司在一个税收年度在某省的常设机构赚得的应税所得为：

---

① 参见欧盟委员会文件 *Proposal for a Council Directive——on a Common Consolidated Corporate Tax Base*（*CCCTB*），欧盟委员会网站。

[(该年公司在该省的换算轨道英里 (the equated track miles) /该年公司在加拿大的换算轨道英里) ×1/2 + (该年公司在该省的总吨英里 (the gross ton miles) /该年公司在加拿大的总吨英里) ×1/2] ×该公司该纳税年度应税所得额即所使用的分配要素是换算轨道英里和总吨英里，权重各为1/2。

2.3.2.2 美国①

采用的分配公式、要素、权重与一般规则相同，但要素的归属规定有差异。

将铁路所得分成经营所得和非经营所得。非经营所得根据一般规则即 (AAR) 的规定分配至特定州。对经营所得在相关州之间按公式进行分配。采用资产、工薪、销售额三因素权重相等的公式进行分配。

(1) 资产要素的归属

除了涉及两个或两个以上州的移动性强的资产如客车车厢、货车车厢、机车以及货运集装箱之外的其他所有不动产和有形动产，按照一般规则来确定归属。

移动性强的资产如客车车厢、货车车厢、机车以及货运集装箱，若在所得年度位于某州与其他州，应根据该州的“机车英里” (locomotive - mile) 和“车厢英里” (car - mile) 占总机车英里和车厢英里的比重来确定归于该州的资产价值。

(2) 工薪要素的归属

除了在州际列车上提供服务的机车司机和乘务员的工薪，其他所有雇员的工薪均按照一般规则来确定归属。

在州际列车上提供服务的机车司机和乘务员的工薪，应按照该类雇员在某州提供的服务占提供的总服务的比重来确定归入该州的数额。

---

① 参见美国跨州税收委员会文件 *Special Rules*: *Railroads*，MTC 网站。

（3）销售额要素的归属

除了货运、客运、邮递和快递的收入之外的其他收入，按照一般规则来确定归属。

归于某州货运、邮递和快递的收入：若运送的起点和终点均位于该州，则全部收入归该州；若是跨州的，则每次运送业务中归于该州的收入按在该州境内经过的英里数占（起点至终点的）总英里数的比重来确定。

归于某州的客运收入：若运送的起点和终点均位于该州，则全部客运收入归该州；若是州际运输旅客，则按该州的付费乘客里程数（revenue passenger miles）占总的付费乘客里程数的比重来确定。

2.3.3 公路运输

2.3.3.1 加拿大

根据 *Income Tax Regulations Section* 409，若公司主要从事货物或旅客运输，则该公司在一个税收年度在某省的常设机构所赚得的应税所得为：

［（公司支付给该省常设机构雇员的工薪/公司支付给全部雇员的工薪总额）×1/2+（公司车辆在该省的公路行驶的公里数/公司车辆行驶的总公里数）×1/2］×该公司该纳税年度应税所得额

即采用的分配要素是工薪和车辆行驶的公里数，权重各为1/2。其中公司车辆行驶的总公里数不包括在没设常设机构的省或国家的公路行驶的公里数。

2.3.3.2 美国[①]

对于主要从事运输有形动产的货运公司，其跨州经营所得采用的分配公式、要素、权重与一般规则相同，但做了以下修正：

（1）资产要素的归属

一般的有形动产和不动产（real and tangible personal property），按照一般规则确定归属。

对参与货物运输的车辆，即动产（mobile property），如果在税收年度完全位于某州，则其价值归于该州；若同时位于两个或两个以上州，则按动产在该州的动产里数（mobile property miles）占总动产里数的比重确定归于某州的资产价值。

（2）工薪要素的归属

一般情况下，按一般规则确定工薪归属。

如果员工的服务既涉及州内也涉及州外，则根据动产（mobile property）在该州的动产里数（mobile property miles）占总动产里数的比重确定归于该州的工薪。

（3）销售额要素的归属

除了货运、邮递和快递的收入之外的其他收入，按照一般规则确定归属。

归于某州的货运、邮递和快递的收入：若运送的起点和终点均位于该州，则全部收入归该州；若是跨州的，则归于该州的收入按车辆在该州境内的动产里数占（起点至终点的）总动产里数的比重来确定。

此外，还有最小联系标准（De Minimis Nexus Standard），对符合条件的纳税人的跨州所得无需在某州分配，以节约遵从成本和管理成本。

---

① 参见美国跨州税收委员会文件 *Special Rules: Trucking Companies*，MTC 网站。

2.3.4 航空运输

2.3.4.1 加拿大

根据 *Income Tax Regulations Section 407*，某航空公司在一个税收年度在某省的常设机构所赚得的应税所得为：

[（该年公司年末在该省的固定资产的资本成本（除了飞机）/该年公司在加拿大的固定资产的资本成本总额）×1/4 +（该年公司的飞机在该省的飞行里程收入（revenue plane miles flown）/该年公司的飞机在加拿大的飞行里程收入[①]）×3/4] ×该公司该纳税年度应税所得额

即采用固定资产（不包括飞机）和飞行里程收入对省际应税所得进行分配，前者权重1/4，后者权重3/4。

2.3.4.2 美国[②]

对跨州经营所得采用的分配公式、要素、权重与一般规则相同，但做了以下修正：

（1）资产要素的归属

除用于飞行的飞机，其他不动产和有形动产按一般规则确定归属。

归于某州的飞机的价值，是该机型的飞机从该州起飞的次数占该机型总起飞次数的百分比乘以该机型飞机的总成本。

（2）工薪要素的归属

对非飞行人员（non – flight personnel）支付的工薪，按照一般规则确定归属。

---

① 该项收入中不包括飞机在某没设常设机构的省的飞行里程收入。

② 参见美国跨州税收委员会文件 *Special Rules*：*Airlines*，MTC 网站。

对飞行人员支付的工薪，为下式乘以飞行人员的工薪总额。

$$\frac{\sum_{i=1}^{n}\left[\left(\frac{\text{第}\ i\ \text{种机型从该州起飞的次数}}{\text{第}\ i\ \text{种机型起飞总次数}}\right)\times \text{第}\ i\ \text{种机型的总成本}\right]}{\text{所有机型的飞机的总成本}} \tag{2-1}$$

（3）销售额要素的归属

销售额的定义。航空公司的销售额包括运输收入、销售商品的收入以及其他收入，该收入不包括消极所得，也不包括出售飞机的净所得或净损失。

归于某州的销售额包括归于该州的运输收入和非飞行收入。运输收入是指运输旅客、货物、邮件的收入以及来自酒的销售、宠物箱租赁等的收入。

归于某州的运输收入，为式（2－1）乘以航空公司总运输收入。非飞行收入按一般规则确定归属。

2.3.4.3　欧盟①

若某集团成员的主营业务是从事国际交通中的航空运输，则其收入、费用以及其他可扣除项目，均归于该集团成员，不再按一般规则分配。相应地在计算分配公式时，应将该成员去除。

2.3.5　金融机构

2.3.5.1　加拿大

根据 *Income Tax Regulations Section 404*，某银行在一个税收年度在

① 参见欧盟委员会文件 *Proposal for a Council Directive——on a Common Consolidated Corporate Tax Base*（*CCCTB*），欧盟委员会网站。

某省的常设机构所赚得的应税所得为：

［（当年银行支付给该省常设机构雇员的工薪/银行支付给全部雇员的工薪总额）×1/3 +（当年银行在该省的常设机构的存贷款总额/银行当年的存贷款总额）×2/3］×该公司该纳税年度应税所得额

即采用工薪和存贷款总额两个要素对银行的跨省应税所得进行分配，前者权重为1/3、后者权重为2/3。

2.3.5.2 欧盟[①]

金融机构是指信贷机构、以及金融资产占所有固定资产超过80%的经济实体。对于金融机构，区内跨国经营公司所得税分配采用一般规则，但对资产、销售额的内涵有修正。

（1）资产要素

金融机构的资产要素应包括10%的金融资产价值，但不包含参与权益（participating interest）和自身股份（own shares）。

金融资产的归属原则：当某成员成为集团一员时，这些资产若已在该集团成员账簿中记录，则该金融资产应归于该成员。

（2）销售额要素

金融机构的销售额要素应包括10%的来自利息、收费、佣金以及来自抵押品的收入，但不包含增值税以及其他税费。

销售额的归属原则：

按照一般规则，劳务提供所得应归入劳务的实际发生地所在国的集团成员。具体而言：

第一，对于抵押贷款，以抵押品所在地确定销售额的归属地，如果

① 参见欧盟委员会文件 *Proposal for a Council Directive——on a Common Consolidated Corporate Tax Base*（*CCCTB*），欧盟委员会网站。

抵押品所在地无法确定，则以抵押品的登记地确定归属地。

第二，其他金融服务的发生地为借款人或支付费用、佣金的人所属的成员国。

第三，若借款人或支付费用、佣金的人无法确认，或抵押品所在地或登记地无法确认，则销售额应按照广义掷回原则在集团内部成员间分摊。

2.3.5.3 美国[①]

采用的分配公式、要素、权重采用一般规则，但具体内涵有细化规定。

（1）收入的归属

①不动产的租金收入归于不动产所在州。

②有形动产的租金收入一般归入承租人首次使用该资产时，资产所在州。

运输资产（transportation property）的租金收入按照资产在该州的使用程度归于该州。对于飞机来讲，按照飞机的总租金×（飞机在该州的降落次数/飞机降落的总次数）来确定归于该州的租金。如果运输资产在各州的使用程度无法确定，则该资产的租金收入全部归入主要经营地（principal base of operations）所在州。机动车辆按照注册地来确定使用地。

③以不动产担保的贷款利息。若不动产的市价中超过50%的部分位于某州，则以不动产担保的贷款利息归于该州；若不动产的市价中超过50%的部分不属于任何一州，则此贷款利息收入归于借款人所在州。

④以非不动产担保的贷款利息，归于借款人所在州。

⑤信用卡应收账款（credit card receivables）的收入，按信用卡持

① 参见美国跨州税收委员会文件 *Recommended Formula for the Apportionment and Allocation of Net Income of Financial Institutions*，MTC 网站。

有人的账单地址确定归属。

⑥特约商店折扣优惠的收入（Receipts from merchant discount），按商店的商业住所确定归属。

⑦来自服务的收入。按照服务发生地确定归属。若服务发生于两个或两个以上的州，按照实施成本原则（cost of performance）来确定服务的主要发生地，并将收入归于该主要发生地。

⑧来自投资资产和行为以及交易资产和行为的收入。按照某州资产额占总资产的比重或者按照某州从这些资产所获得的收入占所有资产获得的收入的比重确定应归于某州的此类收入。

（2）资产的归属

①纳税人拥有或租赁的不动产和有形动产的归属原则：

A. 一般规则。如果不动产或有形动产位于某州或者在某州使用，则该资产归于该州。

B. 运输资产（transportation property）的归属：运输资产（transportation property）的租金收入按照资产在该州的使用程度归于该州。对于飞机来讲，按照“飞机的总租金×（飞机在该州的降落次数/飞机降落的总次数）”来确定归于该州的租金。如果运输资产在各州的使用程度无法确定，则该资产的租金收入全部归入主要经营地（principal base of operations）所在州。机动车辆按照注册地来确定使用地。

②贷款和信用卡应收账款的归属。若某项贷款与纳税人在某州的固定经营场所有实质联系，则该贷款应分配给该州的固定经营场所。信用卡应收账款按照贷款的归属地规则来处理。

（3）工薪的归属

工薪的归属由一般规则来确定。

总体上，美国有关金融机构的跨州经营所得分配内容的规定比较复杂。一方面收入的归属确定比较细化；另一方面，在资产因素中加入了贷款和信用卡应收账款等内容，这考虑了金融业的行业特点。

2.3.6 保险

2.3.6.1 加拿大

根据 *Income Tax Regulations Section 403*，某保险公司某税收年度在某省的常设机构所赚得的应税所得，为下列应税所得的加总：

第一，位于该省的财产的保险的净保费（net premiums）。

第二，与该省居民签订的合同的保险的净保费（不包括财产保险）。

2.3.6.2 欧盟[①]

欧盟的保险业公司集团的所得按照一般规则来分配，资产和销售额要素内涵规定有所差异。

第一，资产要素应包含 10% 的金融资产的价值。此条规定与金融机构规定相同。

第二，销售额要素应包括 10% 的来自保费、再保险净额、从非技术账户分配的投资收入、其他技术收入、投资收入、收费及佣金收入，但不包括增值税以及其他税费。

销售额的归属原则：

按照一般规则，劳务提供所得应归入劳务的实际发生地。具体而言：

①保险服务的发生地是保单持有人所在的成员国。

②其他销售额应按照各集团成员的劳动和资产的比重占整个集团劳动和资产的比重在集团成员间分配。

---

① 参见欧盟委员会文件 *Proposal for a Council Directive——on a Common Consolidated Corporate Tax Base*（*CCCTB*），欧盟委员会网站。

2.3.7 多业经营

2.3.7.1 加拿大

Income Tax Regulations Section 412 中提到，如果纳税人是混业经营的，例如还从事航空、船舶、酒店，以及从事石油、天然气等行业，则应就不同业务的应税所得分别计算某省常设机构的应税所得。剩余的所得按照 *Income Tax Regulations Section 402* 的一般规则对应税所得进行分配。

2.3.7.2 欧盟

如前所述，为了降低区内跨国经营公司所得税分配制度的复杂性，欧盟不主张采用要素、权重等差异较大的额外的分配规则，而是尽可能在一般规则内解决。

2.3.7.3 美国

如果某跨州经营公司的经营所得分配涉及两个或两个以上的分配公式，如何处理取决于各州的实践。例如，有的州会根据主业来确定所有经营所得适用的分配公式[①]。

2.3.8 加拿大、欧盟、美国特殊分配规则的异同

从加拿大、欧盟、美国的特殊行业分配规则来看，对于具有特殊性质的行业，有以下方法对跨区公司所得进行分配：

第一，采用全新的分配公式，包括采用新的要素、新的权重以正确反映利润创造过程。加拿大的做法属于此类。

第二，采用一般分配规则，但对该行业分配中所涉及的要素内涵及

---

① 参见 Weiner（2006），*Company Tax Reform in the European Union*。

其归属的特殊性予以重新阐述，美国的做法属于此类。

第三，欧盟则是既有全新的分配方法（如航空业），也有对特殊行业分配中要素的内涵做了补充规定。

尽管加拿大对特殊行业采用了全新的分配公式，但公式相对简单。尽管美国从表面看对特殊行业采用了一般分配规则，但对要素内涵及归属的特殊性予以阐述时却显得复杂。我们应从分配规则的科学性和简便性出发选择适合我国的分配规则。

2.3.9 中国

财预〔2012〕383 号《关于调整铁路运输企业税收收入划分办法的通知》指出，2012 年 1 月 1 日起，铁道部集中缴纳的铁路运输企业所得税和跨省合资铁路企业缴纳的企业所得税由中央与地方按照 60:40 的比例实行分享。

铁道部集中缴纳的铁路运输的企业所得税中地方分享的部分，使用财政分配方式分配。具体而言，由中央财政按照各地区的铁路客运周转量、货运周转量、客运发送量、货运发送量四个因素，权重依次为 36%、54%、4%、6%，对企业所得税地方分享部分在地区间分配。

跨省合资铁路企业地方分享的企业所得税收入，使用税收方式在相关地区间分配。分配因素为客运周转量、货运周转量和运营里程，权重依次为 28%、42%、30%。国税发〔2012〕116 号《关于跨省合资铁路企业跨地区税收分享入库有关问题的通知》具体规定了跨省合资铁路企业税收征收与分享的程序。

有关铁路运输企业所得税地区间分配办法是我国对特殊行业首次制定的特殊分配规则。有以下几个特点：

首先，分配因素与权重完全不同于一般行业的规则，分配公式反映了铁路运输企业的行业特性。

其次，从使用的分配方式看，铁道部集中缴纳的铁路运输企业的所得税由中央财政按照要素比例在地区间分配，采用财政分配方式；而跨省合资铁路企业则是在税收环节分配。

最后，即使同样是铁路运输企业，铁道部集中缴纳的所得税与跨省合资铁路企业的所得税省际分配规则也不尽相同。这有复杂化地区间企业所得税分配规则的倾向。

总之，由于各国（地区）的特殊行业情况差异较大，且特殊行业的分配规则须结合本行业的特点来制定，涉及的技术难度大、学科门类广、专业知识强，使得我们很难对这些特殊规则进行评判。本节仅列出上述国家和地区的部分特殊规则，供决策者参考。

2.4 跨区经营公司税基分配中的应税联系规则：国际比较与启示

2.4.1 引言

当公司税为共享税，或地方政府与中央政府均享有公司税立法权时，会产生跨区经营公司所得税在地区间的分配问题。当跨区经营公司的所得来源于多地且需要按某种公式就公司税税基在相关地区间分配，如何确定某地区是否有权参与税基的分配？换句话讲，是不是若跨区经营公司有来自于某地区的所得，该所得就必然与该地产生应税联系（taxable connection/taxable presence/nexus），因此该地就有权参与税基的分配呢？可见，应税联系规定直接关系到某地的税收分配利益，是跨区经营公司所得税分配制度中的一个重要内容。本部分考察加拿大、欧盟、美国跨区经营公司税基分配中的应税联系规则及所面临的挑战，并为我国跨区经营企业所得税分配应税联系规则的未来走向提出相关建议。

2.4.2 加拿大跨区税基分配的应税联系规则与挑战

2.4.2.1 应税联系规则

加拿大的省（和地区）有公司税立法权，都开征了自己的公司所得税，我们统称为省公司税。加拿大使用常设机构概念来确定省外公司是否应对该省负有纳税义务。如果某公司在某省设有常设机构，则该省有权对归属于该常设机构的利润征税。如果某公司在两个或两个以上省份设有常设机构，说明该纳税人有来源于两个或两个以上省份的所得，应就该公司的应税所得在这些省际之间进行分配①。加拿大税法规定，某省或某地区的常设机构通常是企业的固定营业场所，包括办事处、分支机构、油井、农场、林地、工厂、车间、仓库或矿场。如果公司没有固定营业场所，公司的常设机构是指公司营业的主要场所。

如果公司通过某雇员或代理人在某地进行营业，则如果雇员或代理人满足下列条件视为在该地设有常设机构：第一，有权以公司名义签订合同；第二，有公司所有的商品库存，并且代表该公司从库存中交付商品。

2.4.2.2 挑战

加拿大的应税联系规则所面临的挑战源于常设机构概念的适应性。常设机构的确定规则一般着重于营业“场所”“固定”性和“营业”活动这三个基本要素的认定（杨斌，2003），“场所”强调有形物体的实际存在、“固定”强调空间上固定的位置和时间上的持久性、“营业”强调固定营业场所活动的获利性特征。对于加拿大而言，只有当某公司

---

① 方法是先计算跨省税基，再按公式进行分配。采用营业收入和工薪二因素的分配公式。

在某省拥有固定营业场所时，该公司才算在该省设有常设机构，从而该公司才对该省负有纳税义务，公司来源于两个或两个以上省份的跨省税基才须在省际进行分配。而如果一家省外公司通过邮购等方式将产品销售给省内顾客且在省内没有储存商品的场所，则说明这家公司在省内没有固定营业场所，不构成常设机构①。Weiner（2006）指出：常设机构概念更适合于19世纪和20世纪早期的营业情形，因为当时大多数公司均通过实际存在（physical presence）来营业；21世纪越来越多的公司通过“无形形式”（intangible form）来营业，无法满足常设机构的“实际存在”条件，通常情况下也无法满足“固定”性条件，而仅是有来自某地的销售额往往不构成常设机构。传统常设机构概念在电子商务时代的适应性大大降低。

2.4.3 欧盟跨区税基应税联系规则的选择

欧盟2004年提出了CCCTB计划，打算对欧盟区内跨国经营公司的所得采用集团合并纳税，并使用公式对跨国税基在集团成员间分配②。

关于应税联系的构想，欧盟委员会CCCTB工作小组（2007）③对“经济存在”（economic presence）④和“实际存在”（physical presence）原则进行比较后，建议依然采用实际存在原则，即跨国公司若在某成员国设有常设机构或子公司，跨国公司来源于该国的所得才需纳入共同税基进行分配。

---

① 参见Weiner（2006），p.63。

② 具体内容参见*CCCTB: possible elements of a technical outline*（2007）、*CCCTB: possible elements of the sharing mechanism*（2007）以及*Proposal for a Council Directive——on a Common Consolidated Corporate Tax Base*（*CCCTB*）（2011）。CCCTB计划采用资产、雇员人数、工薪以及销售额四因素的分配公式分配跨国税基。参见欧盟委员会网站。

③ *CCCTB: Possible Elements of the Sharing Mechanism*，参见欧盟委员会网站。

④ 是指分配公式中的三要素即资产、劳动或销售，只要其中一个要素的指标在某地满足最小标准，则跨国公司与该地区产生应税联系，该跨国公司的应税所得的一部分应分配给该地区。

CCCTB 工作小组（2007）认为“经济存在”原则具有以下优点：第一，显著的“经济存在”与“供给和需求都是创造所得的因素”在理论上达成了一致。第二，能够解决“实际存在”原则与目的地原则的销售额相冲突的情况。若跨国公司集团有来自某地的销售额但在该地没有设立常设机构或子公司，实际存在原则下会造成应税所得分配真空；而根据经济存在原则，某地销售额的存在与税基的归属是一致的。但工作小组认为当前使用经济存在原则还存在困难，表现在：第一，经济存在是对公司利润征税的全新方法，而此方法与 OECD 当前的原则不符。第二，经济存在下的应税联系意味着仅仅在某国纳税的小公司，可能由于在其他成员国拥有大量销售额从而需要向其他成员国纳税，这会增加他们的遵从负担。最终欧盟委员会决定使用实际存在原则来确定应税联系。

2.4.4 美国的应税联系规则与挑战

2.4.4.1 应税联系规则及所面临的冲击

美国的州政府有税收立法权，绝大多数州开征了州公司所得税。如果按照某州税法，某跨州经营公司的经营行为与该州构成了“应税联系”，则应就其所得向该州缴纳公司所得税。当跨州所得与两个或两个以上的州均构成应税联系时，需使用分配公式就跨州所得在州际分配[①]。然而，州政府不能随意对州外公司的所得征税，州政府的征税权受到联邦宪法的约束。如前所述，根据“统一经营”原则，应予在州际分配的所得须从某统一经营中取得，且至少有部分发生在该州境内。即该项统一经营所得至少发生在两个州境内，才能作为跨州税基在州际

① 各州对经营所得的州际分配公式有差异，使用最多的是资产、工薪、销售额的三因素公式。

分配。实践中，各州一般只对跨州公司的经营所得（不包括非经营所得）在州际分配。

（1）有关跨州有形动产销售所得的应税联系规则

根据公法 P. L. 86－272，“如果某人或其代表在这个州的经营行为仅仅是为销售有形动产而寻求订单，订单批准后，由州外某个地方发送货物，则任何州或其下属政府分支机构均不得对此行为的所得征税”（雷根强和陈鑫，2010）。即如果州外公司在某州未设立机构，即使有来自该州的销售收入，跨州公司也不对该州负公司税的纳税义务。各州针对有形动产的销售，应税联系的确定主要采用实际存在（physical presence）原则。

（2）跨州有形动产以外的产品和劳务所得的应税联系规则

随着经济发展，很多跨州公司所得中来自无形资产和劳务的比重越来越大，而公法 P. L. 86—272 仅对跨州有形动产销售的征税权进行了限制。各州自己制定有关有形动产之外的产品和劳务所得的应税联系规则，且应税联系的规定州际差异较大。“杰弗里与南卡罗莱纳州税收委员会”（Geoffrey v. South Carolina State Tax Commission，1993）案是个转折点，此案中，法庭认可，即使州外公司在本州未设立机构，但属于州外公司的无形资产在该州存在，这亦构成州外公司与该州的应税联系。这意味着法庭对经济存在原则的肯定（陈鑫，2011）。Hellerstein and Hellerstein（2007）通过研究美国大量司法判决发现，自 1993 年杰弗里决议以来，各州越来越倾向于认为实际存在并非州公司所得税应税联系的必要条件。

此外，电子商务这种新型交易方式对跨州公司税基分配中应税联系的冲击也较大，各州有关电子商务环境下州外公司与本州如何构成应税联系的规定差异很大，如服务器是否构成应税联系、何种情形下构成，网址是否构成应税联系，等等（Maguire，2006）。

2.4.4.2 最新进展

针对州公司税对无形资产和劳务所得应税联系规定的不统一，以及电子商务对应税联系规则的冲击，美国跨州税收委员会（MTC）2002年通过了《对企业行为征税的要素存在联系标准》（*Factor Presence Nexus Standard for Business Activity Taxes*）[①]。该文件的逻辑是，若潜在纳税人在某州从事了大量的经济活动，则纳税人的经营行为就与该州构成了实质性应税联系。如何判断纳税人是否从事了大量应税经济活动，应结合分配公式中的分配要素在该州的存在来确定（Mclure，2000）。基本内容是，若某一税收年度某州非居民个人或企业在该州经营，满足下列任意一条件均构成与该州的应税联系：a. 资产价值超过 50 000 美元；b. 工薪超过 50 000 美元；c. 销售额超过 50 000 美元；d. 在该州的资产、工薪或销售额超过了总资产、总工薪或总销售额的 25%。其中，资产和工薪在某州的存在以产地原则衡量，销售额在某州的存在以目的地原则衡量。该联系标准适用于跨州不动产所得、有形动产所得、劳务所得、无形资产所得、数字化产品所得等各种所得形式（陈鑫，2011）。该应税联系规则虽受公法 P. L. 86 - 272 的约束，但已突破了实际存在原则。

电了商务时代，即使是有形动产的销售，美国也可能放弃单一的实际存在原则。例如美国州级销售税。按照美国现行法律，只有当某零售商在某州有实体店（亦即遵循“实际存在”原则）时，该州才能要求其向用户征收销售税。2013 年 5 月 6 日，美国参议院通过了《市场公平法案》（*the Marketplace Fairness Act 2013*），如该法案最终在众议院等获得通过，将赋予州政府对在线零售商征收销售与使用税（sales taxes and use taxes）的权力[②]。根据《市场公平法案》，当企业通过互联网、邮购、电话和电视等渠道出售产品时，必须缴纳销售税。其中，美国境内远程年销售额不满 100 万美元的小企业享有豁免权。此外，该新法案还将征税范围扩大至移动应用开发者、云计算服务、音乐与电影等数字

---

① 参见美国跨州税收委员会（MTC）网站。

② http：//www. ycwb. com/ePaper/ycwb/html/2013 - 05/09/content_ 147682. htm？ div = - 1。

产品的下载领域。虽然该法案在众议院后来未获通过，然而基于公众对实体经济和网络经济税收公平待遇问题的日益关注，从长远来看会影响美国跨州公司税基分配中的应税联系规则的走向，未来传统的实际存在原则将与经济存在原则共存。

2.4.5 我国跨区税基分配中的应税联系规则

我国跨省经营企业的所得税需要在省际分配。按照现行规定[①]，总机构和具有主体生产经营职能的二级分支机构参与企业所得税的分配。三级及三级以下分支机构，其营业收入、职工薪酬和资产总额等统一并入二级分支机构计算。

二级分支机构的判定标准：是指汇总纳税企业依法设立并领取非法人营业执照（登记证书），且总机构对其财务、业务、人员等直接进行统一核算和管理的分支机构。其中：①不具有主体生产经营职能且在当地不缴纳营业税、增值税的产品售后服务、内部研发、仓储等企业内部辅助性的二级分支机构；②上年度认定为小型微利企业的分支机构，不就地预缴企业所得税。即上述分支机构不参与税基分配。

二级及以下分支机构所在地主管税务机关应对二级及以下分支机构进行审核鉴定。以总机构名义进行生产经营的非法人分支机构，无法提供汇总纳税企业分支机构所得税分配表，也无法提供非法人营业执照（或登记证书）的复印件，以及由总机构出具的二级及以下分支机构的有效证明和支持有效证明的相关材料（包括总机构拨款证明、总分机构协议或合同、公司章程、管理制度等）来证明其二级及以下分支机构身份的，应视同独立纳税人计算并就地缴纳企业所得税。

进一步结合《中华人民共和国税收征收管理法》及其实施细则、

---

① 具体内容参见财预〔2012〕40号文件、国家税务总局2012年第57号公告。

增值税和营业税的纳税人等规定分析发现，我国企业所得税跨区税基分配中的应税联系也是按照实际存在原则来确定的。与上述国家和地区一样，我国的应税联系规则也面临电子商务的冲击。

2.4.6 国外跨区经营公司应税联系规则对我国的启示

2.4.6.1 国外跨区经营公司应税联系规则的特点

加拿大跨省经营公司的省公司税、欧盟 CCCTB 计划中的跨国经营公司的公司税以及美国跨州经营公司的州公司税均涉及地区间的税收分配，在确定哪个地区有权参与税基分配方面即应税联系规则方面有如下特点：

（1）以实际存在原则为主，但传统的实际存在原则面临挑战。

尽管加拿大、欧盟的（CCCTB 计划）在跨区税基分配方面依然坚持实际存在原则，但在电子商务时代均面临挑战。美国州公司税实践中已经开始将经济存在与实际存在原则结合使用。Weiner（2006）认为从长期来看常设机构的传统概念由于无法适应电子商务时代，将越来越站不住脚，应考虑加入经济存在原则。Mclure（2000、2005）、Fox 等（2005）也主张对跨区公司税基分配时，应税联系规则应采取实际存在与经济存在相结合的形式，尤其是电子商务时代更应如此。MTC2002 年发布的《对企业行为征税的要素存在联系标准》正是 Mclure 应税联系思想的体现。

（2）若将经济存在原则考虑进来，可以更好地维护消费地的税收利益

经济存在原则可以与加拿大、欧盟的（CCCTB 计划）以及美国的跨区公司税基分配规则更好地契合。加拿大、欧盟以及美国跨区公司税基分配规则较好地平衡了产地和消费地的税收利益。如加拿大对跨区税基采用营业收入和工薪二因素权重相等的分配公式，工薪按照产地原则

来衡量，营业收入按照目的地原则来衡量。但当公司有来自某省的收入却未在该省设立常设机构时，采用掷回原则重新确定营业收入归属，即将营业收入掷回至产品的生产地或制造地。欧盟的 CCCTB 计划采用雇员人数、工薪、资产、销售额四因素，权重各为 1/6、1/6、1/3、1/3 的税基分配公式，前三个因素按照产地原则衡量，销售额按照目的地原则来衡量。若公司集团有来源于某国的所得但未在该国设立常设机构或子公司，对销售额采用广义掷回原则重新分配，即按照各集团成员的劳动和资产的比重对销售额重新分配，而劳动和资产的归属原则是产地原则。美国州公司税对跨州税基的分配，各州运用最多的三因素公式也同时考虑了产地和消费地的税收利益，而当跨州公司与销售额的目的地无应税联系或该地不征收公司税时，多采用掷回原则或抛弃原则对销售额重新分配。可见，对于这些国家（或地区）而言，如果采用经济存在和实际存在相结合的原则确定跨区税基分配中的应税联系，可以减少掷回原则的使用，更好地维护消费地的税收利益。实践中，实际存在原则具有管理上的优势，但若经济存在标准制定适当，也不会带来管理成本的大幅增加或造成管理成本与税收收益的严重不对称。

2.4.6.2 国外跨区经营公司应税联系规则对我国的启示

我国与加拿大、美国、欧盟的跨区经营企业所得税分配规则有所不同，主要差异有两点：第一，总机构所在地的税收分配采用固定比例，不与分支机构共同采用公式分配；第二，我国虽使用公式对跨区税基在分支机构所在地间分配，但加拿大、美国和欧盟的销售额（或营业收入）因素采用目的地原则衡量，我国采用产地原则衡量①。对于加拿大、美国和欧盟而言，有关跨区税基分配中应税联系的确定若结合使用实际存在原则和（以目的地原则的销售额为代表的）经济存在原则，在电子商务时代可以更好地维护消费地的税收利益。我国跨省税基分配

① 具体分配规则参见财预〔2012〕40 号文件。

中应税联系采用实际存在原则，分配公式中的营业收入、职工薪酬、资产总额均采用产地原则，这种结合方式有利于维护产地的税收利益，实际操作中也具有管理上的优势，但不能很好地平衡产地和消费地的税收利益。在目前的跨区税基分配规则下，即使制度上通过补充（以产地原则的销售额为代表的）经济存在原则，或对现有实际存在原则进行完善等途径来解决对电商征税的问题，由于应税联系仍然配合产地或注册地倾向的跨区税基分配规则，却会继续扩大生产地和消费地、企业注册地和消费地的税收差距。分析如下：

以有形商品的网络交易为例，可能采用三种模式：第一种，线上信息交互与线下各地仓储物流中心相结合，若各地仓储物流中心能满足二级及以下分支机构的要件，则地区间企业所得税分配效应与现行规则同。第二种，线上信息交互与线下片区的仓储物流中心结合，例如某大型电商可能并不在每个省份的中心城市设立仓储中心，而是在地区级中心城市设立，以云南省的消费者为例，物流的配送可能是从成都分公司或者南宁分公司出货。传统情形下某地分支机构的生产经营与当地的消费关联度会比较高，而此种情形下生产经营地和消费地偏离程度较高，未设立分支机构的省份的税收会流失。第三种，线上信息交互仅与线下物流公司相连，电商在各地未建立仓储物流中心，此时，企业所得税完全归入企业登记注册地。

以数字化商品的网络交易为例，这些交易主要包括：第一，消费者通过网络购买电子期刊、书籍、音乐、影像、软件等数字化产品。第二，消费者通过网络购买翻译、法律、财务等远程劳务。这些交易可以通过网络完成全程的商业循环，企业一般无需在各地建立分支机构或仓储物流中心。对此类交易行为的电商征税，仅仅涉及某地①的税收，其结果是企业所得税由消费地向企业登记注册地或生产地的转移。

① 此处主要是企业登记注册地。

通过上述分析可知，公司税跨区税基分配中，应税联系规则与不同的税基分配规则配合将产生不同的地区间税收分配效应。从长远来看，我国跨区经营企业所得税分配规则应将产地和消费地、总机构所在地和分支机构所在地等相关地区的税收利益考虑在内，更好地平衡各地的税收利益。应以构建公平稳定的地区间企业所得税分配格局为导向完善应税联系规则，充分发挥应税联系规则与跨区税基分配规则在构建公平稳定的地区间企业所得税分配格局中的协调配合作用。

2.5 跨区经营公司所得税纳税主体的选择：国际比较与启示
——以公司税的地区间分配属性为视角

公司集团合并纳税制度并不少见，但当公司税的收入归属为中央与地方共享税，或中央、地方均有公司税的税收立法权时，有关跨区经营公司所得税纳税主体的选择将涉及地区间的税收分配关系。公司税的地区间分配属性是否会影响各国有关公司税纳税主体的制度选择呢？如果选择了公司集团合并纳税，应如何将公司税的地区间分配属性考虑进来，使公司税的纳税主体与公司税归属特性相容，更好地发挥公司集团合并纳税制度的优势呢？本节考察加拿大、欧盟、美国的制度设计和制度实践，希望对上述问题提供不同角度的回答，并为我国未来集团税制所需的制度基础建设提供启示。

2.5.1 加拿大

2.5.1.1 跨省经营公司所得税纳税主体的历史演变

加拿大的联邦与省（和地区，以下统称省）均有公司税立法权，联邦政府代征省级公司税。有关跨省经营公司所得税的纳税方法，加拿大历史上曾经允许公司在独立核算法和法人纳税法之间进行选择。前者是指地理意义上的独立核算，即如果某公司在两个或两个以上省份设有常设机构，则将每个省的常设机构视为独立企业计算应向各省缴纳的公司所得税。而法人纳税法则是将跨省经营公司法人作为纳税主体，对跨省经营公司的应税所得在省际按公式进行分配。由于几乎所有的公司均倾向于使用法人纳税和公式分配、而独立核算法管理成本很高且会破坏公式分配的统一性，因此在20世纪50年代后期，加拿大各省放弃了地理意义上的独立核算法（Smith，1976）。

2.5.1.2 跨省经营公司所得税纳税主体的现行规定

加拿大不允许集团合并纳税。如果公司在不同省份以子公司形式进行经营，那么集团内这些公司应采用单独核算原则计税；如果通过设立常设机构（如分支机构，branch or division）在各省经营，则公司的应税所得应采用公式法进行省际分配，即加拿大采用的是法人纳税主体（stand - alone entity or legal entity or separate - entity）。

2.5.1.3 加拿大的集团税收计划及其暂停

加拿大财政部曾经于2010年11月发布了一个有关集团税收的征询稿[①]，考虑实行集团税制，即将一个公司集团（corporate group）看作独立实体（single entity）计算缴纳公司所得税。该征询稿中主要涉及如下问题：如何定义一个符合条件的集团？是否需要一个共同的母公司

---

① 参见 *The Taxation of Corporate Groups*，加拿大财政部网站。

（Common Parent Corporation）？集团中能否包括非公司实体以及非居民企业的加拿大分支机构？一个企业集团形成并开始合并纳税时，此前经营损失或资本损失问题如何解决？现行跨省经营公司的税基分配规则是否需要改变？如何改变？

针对征询稿，加拿大财政部共收到约17份相关建议[①]，这些建议有来自德勤、毕马威、普华永道等会计师事务所的，有来自加拿大会计师协会（Canadian Institute of Chartered Accountants）、加拿大银行协会（Canadian Bankers Association）等行业协会的，有来自企业集团的如华顿集团（Walton Global Investments Ltd.）、ATCO集团公司的，也有来自安大略省财政部门等地方政府的，这些建议对加拿大联邦政府所关注的上述问题做出了回应。

分析这些建议发现，绝大多数回应者都主张采取某种形式的损失转移制度（loss transfer system），有时也被称作集团抵免制度（group relief system）；而非采取某种形式的合并制度（consolidation system），有时也被称作财政统一制度（fiscal unity system）。极少数回应者如安大略省主张采用合并制度。

从安大略省的意见可以管窥非中央级政府对集团税制改革的主要期望。安大略省认为集团税制一方面应能增进加拿大公司税制度的效率和国际竞争力，另一方面应能确保各省及地区（province and territory）得到它应当得到的税收。对于后一层目标，安大略省希望集团税制应将省际税收筹划机会最小化；应建立省际所得分配的公平且透明的办法；应增加透明性，使得联邦政府和省政府可以评估、追踪新税制对各省税收的影响。安大略省更倾向于合并税制，其原因是OECD实施了集团税制的国家多数选择采用合并申报纳税，且合并纳税更适合加拿大独特的国情——非中央级政府也在征收公司税所导致的跨省税基的分配问题。安

① 这些建议均可在加拿大财政部网站上查到。

大略省认为，合并税制一方面将公司集团的成员看作一个单独实体对待从而能增进公平性，另一方面合并税制对通过分支机构经营的公司和通过子公司经营的公司集团在损失处理和省际所得转移（inter - provincial income shifting）方面同等对待，可以增进税收制度的统一。安大略省引用 Mintz 和 Smart（2003）① 的观点来支持自己的主张：不允许公司集团在税收上合并意味着对于公司实体而言，大量的税收筹划手段被运用于将所得从高税省转移到低税省。此外，安大略省还引用美国跨州税收委员会（2003）的研究：同单独实体申报的州相比，实行合并制度的州的税收收入更加稳定。安大略省认为，虽然损失转移制度更接近于加拿大的现行税制，因此制度的转换比采用合并纳税制度要简单一些，但此制度需要额外的反避税（anti - avoidance）措施以及其他机制来解决加拿大非中央级（sub - national）税收的特殊性，而这会增加税制的复杂性。

德勤主张集团税收采取某种形式的损失转移制度，因为这种制度既可以产生积极的经济效果又比较简单、更加容易管理。德勤提出了使省际税基转移最小化的一些措施，如明确加入公司集团的成员留在集团内部的最小期限；建立标准的集团分配公式对跨省税基进行分配；甚至“夺回”条件（recapture requirement），即若损失已从某省转移到其他省，则损失转移后的某特定时期内转移者是应税的。

普华永道也主张采用损失转移制度。对于省税基可能大量损失的担忧，普华永道也提出了一些方法，如继续使用现行分配规则；针对控股公司确立特殊的分配规则；设定特殊条件并使用进入集团之前某段时期的分配公式对省际所得进行分配等等。但普华永道认为，确定省际所得分配规则并非实行集团税收的必要条件，反而会增加新制度的复杂性；新制度应该更透明，以使省更好地监控涉税项目（tax attributes）转移

---

① 转引自安大略省对集团税收计划的回应稿。

对省税基的影响；新制度对于所有纳税人、税务机构而言应更公平和简单。普华永道认为，以澳大利亚为例，合并申报制度很复杂；不能很好地便利纳税人，尤其是中小企业；合并纳税制度也没有显著降低纳税人的负担。

毕马威通过调查发现，56%的受访者认为，如果采用损失转移制度将会使企业获得最大的收益。此外，他们还认为使用损失转移制度对各省的税基影响较小，该种制度可能导致的省际税基转移规模也并非像省所想象的那么显著。

由于有关集团税收的制度选择未能达成一致，2013 年加拿大宣布集团税收制度的构建暂时搁置[①]。

2.5.2 欧盟

欧盟计划采用公司集团合并纳税制度来降低欧盟内部交易所涉及的高昂的涉税遵从成本、有效消除大多数阻碍欧盟内成员国间交易的税收障碍（如由转让定价规则导致的以及缺乏跨境损失弥补方法所导致的税收障碍）。根据欧盟委员会 CCCTB 工作小组（Common Consolidated Corporate Tax Base Working Group）（2007）[②] 以及欧盟委员会（2011）的建议[③]，欧盟统一的公司所得税的纳税人为欧盟境内的公司集团（consolidated group），对其统一的公司税税基在相关成员国之间按公式进行分配。

2.5.2.1 公司集团的构成

具体来说，CCCTB（Common Consolidated Corporate Tax Base，共同

---

① http://en.wikipedia.org/wiki/Taxation_in_Canada.

② *CCCTB: possible elements of a technical outline*，参见欧盟委员会网站。

③ *Proposal for a Council Directive——on a Common Consolidated Corporate Tax Base (CCCTB)*，参见欧盟委员会网站。

的合并公司税税基）计划的纳税人——公司集团主要有以下几种情况：

第一，欧盟的居民母公司及符合条件的欧盟居民子公司（及常设机构）。

第二，由非欧盟的居民母公司控制的符合条件的欧盟居民子公司（及常设机构）。

要想成为 CCCTB 符合条件的子公司，母公司应直接或间接拥有子公司下列权利（欧盟委员会，2011）：一是控制权（50%以上的表决权）；二是所有权（拥有公司资本 75%以上的份额）或获取利润的权利（75%以上的获取利润的权利）。集团成员应在纳税年度中至少连续 9 个月同时满足上述条件，否则应立即退出该集团。

2.5.2.2 合并纳税

确定合并纳税的纳税主体时分两步：第一步，符合条件的子公司（及常设机构）和母公司组成一个集团。第二步，集团应就是否合并纳税做出选择，原则是“全部加入”（all-in）或者“全部不加入”（all-out）。也就是说，如果选择加入，则所有符合条件的公司全部适用合并纳税，否则整个集团均不适用合并纳税。

合并纳税的税基是集团的所有纳税人的全部税基，就此全部税基使用公式[①]在集团成员间进行分配。CCCTB 计划仅适用于欧盟境内的子公司及常设机构，欧盟境内的公司与非欧盟实体的交易依然适用独立核算和公平交易原则。

2.5.2.3 反税基转移

为了防止集团成员通过要素转移的方式来规避或减少税负、防止高税国税收流失，CCCTB 也给出了一些防护性措施，例如对于资产的转移，欧盟委员会（2011）提到：如果一集团公司将资产出售给第三方，

---

① 欧盟委员会（2011）建议采用资产、雇员人数、工薪以及销售额四因素的分配公式对跨区税基在集团成员间分配，前三个采用产地原则衡量，销售额采用消费地原则衡量。

则相应的收益应被分享且要征税。集团内资产转移不影响合并纳税的税基，但它们会影响分配机制，因为资产的归属地决定了哪个成员享有税基。可能会发生下列情况：某项资产从集团内部所在的高税成员国转移到低税成员国，然后将资产卖给第三方（例如关联方），因此资产归属地转移使得低税国的公司获得更多税基。为避免这种情况发生，可以从三方面着手。一是将容易移动的资产从资产（公式分配要素）定义中排除出去；二是对公式分配要素中的资产归属采用实际使用地原则；三是增补反避税规则，即对于集团内资产从高税国转移到低税国、随后在一定时期内被出售给第三方的行为，有关资产要素的归属应确认为初始拥有者所在地，而不是资产出售时或离开集团时资产的拥有者。除非集团成员能证明这种转移行为并非基于避税原因。

2.5.3 美国

美国联邦、州政府均有公司税立法权。我们主要关注州公司税的纳税主体实践。

2.5.3.1 不同的纳税主体

（1）地理意义上的独立核算

地理意义上的独立核算（geographic separate accounting）指的是跨州经营企业使用账目来核算在本地所产生的所得，以区别其他地区的所得（Mclure，2000），在这种体系中不存在公式分配。这种方法的缺陷在于，如果跨区经营的公司其组成部分彼此在经济上相互依赖，不容易通过地理意义上的独立核算把应归于每个州的所得分离开来；若各州税率不同，使用这种办法还存在纳税人利用转让定价将税负从高税率州转移到低税率州的风险。

（2）公司单独申报

公司单独申报（corporate separate reporting）指的是核算每个法律

意义上的独立实体的所得，然后使用公式对公司跨区经营的经营所得在与该所得有应税联系的州之间进行分配（Mclure，2000）。然而，如果整个公司集团里的关联公司（affiliated firm）共同从事某统一业务（unitary business），公司单独申报也很难把应归于每个州的所得分离开来；同样也存在纳税人利用转让定价将税负从高税率州转移到低税率州的风险。

（3）联合申报

联合申报（combined reporting or unitary combination）指的是州要求或允许所属区域内的公司填写联合申报表，以反映关联公司共同从事某统一业务的所得。然后使用公式对该统一业务的经营所得在与该所得有应税联系的州之间进行分配。

正是由于公司单独申报的缺陷，有些州要求或允许所属区域内的公司进行联合申报。联合申报表中，统一集团（unitary group）成员间的内部交易被消除。州公司所得税的一个趋势是越来越多的州采用联合申报，以防止单独申报下公司通过转让定价来减少税款。

（4）合并纳税

应注意的是，联合申报不同于合并纳税。联合申报是州公司税中的一个概念，而合并纳税（consolidated return）是联邦公司所得税里的一个概念，指的是共同被拥有（commonly - owned）的公司的所得并入集团的合并纳税表中，而不管集团成员之间是否存在某种统一业务，是对整个集团所有所得的征税。

2.5.3.2 美国州公司所得税纳税主体和纳税方式的演变

州公司所得税早期，地理意义上的独立核算法比较受各州欢迎。随着工商业合并现象大量出现，以及跨州公司各组成部分在功能、经营、经济等方面日益依赖，这种方法的缺陷愈加明显（陈鑫，2011）。随着时间的推移，法人纳税和公式分配逐渐取代了独立核算。至1950年，美国的州已经基本上都使用了公式分配法（Weiner，2006）。而联合申报最早源于 1920 年的一个判决[①]，该判决中美国联邦法院批准使用“统一经营”（unitary business）原则。各州可以采用这一原则来更好地维护本州的税收利益。目前，开征州公司所得税的州中大约有 2/3 的州（Frieden，2000）要求使用单独申报，其余州要求使用联合申报。单独申报下纳税主体为法人，联合申报下纳税主体为统一集团（unitary group）或单一企业（unitary business）。

2.5.3.3 联合申报与单一企业

联合申报的前提是对本州负有纳税义务的公司与关联公司组成了统一集团（unitary group），随后州使用公式计算统一集团的某经营所得中应归本州的经营所得和公司所得税。

统一集团概念建立在“统一经营原则”（unitary business）基础上，统一集团既可指某单个法人实体的多个分公司，也可指多个法人实体。然而“统一经营原则”在各州的判定并不统一，往往涉及大量的事实和依据。在此，我们以美国跨州税收委员会制定的《指派与分配规定》（AAR）[②] 为例管窥联合申报中“统一经营原则”的内涵。为与 AAR 表述一致，我们用单一企业（unitary business）[③] 来指联合申报的纳税主体。

（1）单一企业的概念

根据 AAR，所谓的“单一企业”是一个经济意义上的企业（下称经济企业），它既可能由一个独立的企业实体的各个部分组成，也可能由多个共同受控的企业实体集团组成，一个独立的企业实体可能有不止一个单一企业，因此“单一企业”概念的运用不受企业组织形式的影响。

---

① Bass，Ratclif & Gretton v. State Tax Commission，266 US. 271（1920），参见 Weiner（2006），p. 74 注释。

② 参见美国跨州税收委员会网站，www. mtc. gov。

③ 这里的“统一集团”（unitary group）或“单一企业”（unitary business）表达的是一个意思，均指联合申报情形下的纳税主体。

（2）单一企业的特征、基本要素与判定标准

“单一企业”的基本特征是经济企业内部存在显著的价值流动，基本要素有功能的整体性、集中管理以及规模经济。功能的整体性是指企业行为的转移、混合会显著影响整个企业的运转，如使用共同的营销体系和共同的配送体系等；集中管理是指总裁、官员或其他管理雇员共同参与管理决策，这种决策不仅影响各自的经营行为，还会有利于整个经济企业（economic enterprise）的利益；规模经济强调通过集中购买和集中管理可以降低整个经济企业的运营和管理成本。这三个要素可以作为确定相关企业是否是作为一个整体来运营以及是否呈现出实质性相互依赖关系的一个标准。根据 AAR，如果企业从事同样的业务，或者属于纵向经营中的不同分工，或者存在集中管理，则相关企业构成“单一企业”（陈鑫，2011）。

根据一定比例以上的直接或间接的股票所有权（一般是超过 50%）可以确定共同受控的企业实体集团是否构成单一企业。单一企业将计算其联合的应税所得，采用公式对单一企业的经营所得在各州进行分配。

（3）联合申报的应税所得范围

联合申报的范围一般应限于美国境内经营所得。美国历史上有一个著名的案例 *Container Corporation of America v. Franchise Tax Board*, *463 US 159*（*1983*），这个案例中加利福尼亚州将为了维护自身的税收利益，将“单一企业”和联合申报原则运用于跨国公司来自全球经营活动的利润。即只要是被认定为构成“单一企业”的部分，不论经营行为是否发生在美国境内以及是否为美国的居民企业，均应将其来自全球的经营所得作为分配的税基。这与各国对跨国公司利润的独立核算原则相冲突，会导致国际重复征税。在联邦政府的施压下，目前所有州都遵循“水际原则”（water's edge），将联合申报的税基限于美国国内的经营所得（陈鑫，2011）。

2.5.3.4　“联合申报”与“单一企业”的评价

“单一企业”和“联合申报”概念最初是用于解决州公司所得税流

失的，可以防止企业通过操纵公司形式进行税收转移，减少跨州公司运用转让定价等税收筹划行为给州税所造成的税收损失。“单一企业”“联合申报”概念的运用，在某种程度上甚至可以弥补美国州公司所得税征税权规定的缺憾、维护州的税收利益。Mclure（2000）指出，如果南卡罗莱纳州采用联合申报制度，则 Geoffrey 案[①]（Geoffrey v. South Carolina State Tax Commission）（1993）完全可以避免。“单一企业”和“联合申报”制度最大的优点是可以考察不同实体间的实质关系，当相关企业的活动是如此紧密以至于整个集团组成了有效的单一企业（或经济企业），则可以将这些公司看作统一的纳税人（Weiner，2006）。而最大的缺点在于，“单一企业”没有明确的定义，要确定相关企业是否构成单一企业需要涉及众多的事实，各州没有统一的判断标准，在判断中往往争议很多。

2.5.4 中国

2.5.4.1 不同纳税主体

（1）独立核算情形

按照原企业所得税暂行条例的规定，在我国境内实行独立经济核算的企业或组织为企业所得税的纳税人。所谓独立经济核算是指企业或组织自主从事经营活动，独立、完整地进行会计核算。具体讲就是同时具备三个条件：一是在银行开设结算账户；二是独立建立账簿，编制会计报表；三是独立计算盈亏。此时纳税人向其实际经营管理所在地的主管税务机关缴纳税款。这种情形类似于美国地理意义上的独立核算，即如果企业跨区经营，企业在不同地区的经营被视为独立的企业经营，不存在对企业跨区经营所得进行地区间分配的问题。

---

① 该案涉及应税联系的判定，参见本章第四节。

（2）汇总纳税情形

汇总纳税是指总、分支机构的企业，在汇总其总机构及分支机构年度企业所得税纳税申报表的基础上，统一计算年度应纳税所得额、应纳所得税额，申报缴纳企业所得税。其中总机构具有法人资格而其他分支机构不具有法人资格（陈鑫，2011）。

我国现行企业所得税法规定，居民企业在中国境内跨地区（指跨省、自治区、直辖市和计划单列市）设立不具有法人资格的营业机构、场所（下称分支机构）的，该居民企业为汇总纳税企业。

同时，采取税收分配（为微观分配办法）和财政分配（系数分配，为宏观分配办法）相结合的方式对跨区经营企业的所得税在地区间进行分配。

（3）合并纳税情形

合并纳税制度即集团公司合并纳税制度，一般是在限定控股比例的前提下，允许母子公司合并纳税。其中，集团内母、子公司都是独立的法人实体。集团母公司通过合并纳税，将各子公司盈利企业的利润与亏损企业的损失相抵扣，可以减少企业的税收负担，同时可以减少集团内部公司之间通过转移定价等方式所发生的避税行为。就我国而言，合并纳税是指母、子公司结构的企业，在合并其母公司及全资子公司年度企业所得税纳税申报表的基础上，统一计算年度应纳税所得额、应纳所得税额，申报缴纳企业所得税（陈鑫，2011）。

国税发〔1994〕27 号文件规定，企业集团分别以核心企业、独立经济核算的其他成员企业为企业所得税的纳税义务人。经国务院批准成立的企业集团，其核心企业对紧密层企业资产控股为 100% 的，可由控股成员企业选择由核心企业统一合并纳税，并报国家税务总局批准。我国在 1994—2008 年实行合并纳税制度。对合并缴纳的企业所得税，2002 年之前没有明确的地区间分配规则。2002 年之后部分企业集团的税收通过财政方式（公式分配）在地区间分配。2009 年 1 月 1 日起至

2007 年 12 月 31 日前经国务院批准或按国务院规定条件批准实行合并缴纳企业所得税的企业集团（共 106 家）一律停止执行合并缴纳企业所得税政策。

2.5.4.2 纳税主体和纳税方式的演变

1994 年以来，我国跨区经营企业所得税的纳税主体经历了以下几个阶段：

（1）1994—2001 年

此阶段存在《中华人民共和国企业所得税暂行条例》（1993 年发布）《外商投资企业和外国企业所得税法》（1991 年发布），分别对应内资企业和外资企业的企业所得税。

内资企业。有关内资企业，纳税主体是实行独立核算的企业或组织。纳税主体从地理意义上划定，总体上而言不存在普遍的跨区经营企业所得税的地区间分配。

但此阶段引进了集团汇总和合并纳税。1994 年《国家税务总局关于大型企业集团征收所得税问题的通知》（国税发 1994〔27〕号）首次明确试点企业集团可以经批准实行合并纳税，按照规定，经国务院批准试点的大型企业集团，母公司对子公司 100% 控股的，可以由集团公司合并纳税，最初进入试点企业集团名单的有 55 家。汇总和合并纳税的相关文件主要有《国家税务总局关于印发〈加强汇总纳税企业所得税征收管理暂行办法〉的通知》（国税发〔1995〕198 号）、《国家税务总局关于印发〈加强汇总纳税企业所得税征收管理暂行办法的补充规定〉的通知》（国税发〔1996〕172 号）、《国家税务总局关于汇总（合并）纳税企业所得税若干具体问题的通知》（国税发〔1998〕127 号）、《国家税务总局关于汇总（合并）纳税企业实行统一计算、分级管理、就地预交、集中清算所得税问题的通知》（国税发〔2001〕13 号）。其中，国税发〔2001〕13 号文规定对实行汇总、合并缴纳企业所得税的企业总机构或集团母公司及其汇总纳税的成员企业，执行“统一计算、分级管理、就地预交、集中清算”的汇总纳税办法。这种办法在一定程度上可以保证分支机构所在地、集团子公司所在地或集团其他成员所在地的所得税收入。实践中，汇总（合并）纳税企业缴税办法有以下不同组合方式：总机构汇总缴税；总机构和分支机构分别独立缴税；分支机构当地预缴，总机构汇算清缴等办法。

外商投资企业和外国企业。有关外资企业，纳税主体是企业法人，即如果外资企业通过设立分支机构跨区经营，应由总机构汇总缴纳所得税。按照《外商投资企业和外国企业所得税法》，总机构是指依照中国法律组成企业法人的外商投资企业在中国境内设立的负责该企业经营管理与控制的中心机构。然而，没有明文规定跨区经营企业的所得税如何在地区间分配。根据《财政部关于外商投资企业和外国企业所得税有关预算管理问题的通知》（财预字〔1996〕第200号）、以企业隶属关系确定央地税收归属以及“谁投资、谁受益”特征的政府间税收分配制度，两个或两个以上省（自治区、直辖市以及计划单列市）所属企事业单位与外商组成的除海上石油、金融保险以外的中外合资经营企业、中外合作经营企业缴纳的企业所得税，应该是按照各省企事业单位投资额占所有省企事业单位投资额之和的比例来分配企业所得税。

此外，外国企业在中国境内两个或两个以上营业机构的，应合并纳税。没有明文规定所得税如何在不同营业机构所在地间进行分配。

由上述分析可见，1994—2001年，跨区经营企业的所得税纳税主体包括独立核算的企业、法人企业以及企业集团等，但该阶段缺乏明确的跨区经营企业所得税地区间分配的规则。所得税归属与纳税地和征管机构高度相关。

（2）2002—2007年

该阶段同1994—2001年相比，跨区经营企业的所得税纳税主体没有发生变化。变化的是开始引进了明确的跨区经营企业所得税的地区间分配规则。

第一，经国家税务总局批准实行所得税汇总（合并）纳税的企业。《国务院关于印发所得税收入分享改革方案的通知》（国发〔2001〕37号）指出，自2002年，除铁路运输、国家邮政、中国工商银行、中国农业银行、中国银行、中国建设银行、国家开发银行、中国农业发展银行、中国进出口银行以及海洋石油天然气企业缴纳的所得税继续作为中央收入外①，企业所得税由中央和地方按比例分享。经国家税务总局批准实行所得税汇总（合并）纳税、在不同省（自治区、直辖市和计划单列市）设有分支机构（包括成员企业）的中央企业及地方金融企业集中缴纳的企业所得税，按相关因素在有关地区之间进行分配。分配文件主要有：《财政部关于印发〈跨地区经营、集中缴库的企业所得税地区间分配暂行办法〉的通知》（财预〔2002〕5号）、《财政部、中国人民银行、国家税务总局关于印发〈跨地区经营集中缴库企业所得税地区间分配办法〉的通知》（财预〔2003〕452号）。该分配办法的基本特征是：采用因素法（企业经营收入、企业职工人数和企业资产总额）以财政分配方式对跨区经营企业所得税在省际间分配。由于财政分配方式的透明度低、效率低等原因，实践中采用该办法分配税收的企业数量很少。其意义在于首次引进了明确的跨区经营企业所得税分配规则，为后来法人纳税下我国处理跨区经营企业所得税分配问题积累了经验。

第二，其他的跨区经营企业的所得税。对其他跨区经营企业的所得税，《财政部、国家税务总局、中国人民银行关于所得税收入分享改革后有关预算管理问题的通知》（财预明电〔2001〕3号）规定，由总机构所在地税务机关征收，若地方企业所得税涉及跨地区分享，由各地财政协商确定。

（3）2008年以来

2008年新的企业所得税法正式实施，其基本特征是统一了内外资

---

① 国发2002〔18〕号文件补充规定，中国石油天然气股份有限公司、中国石油化工股份有限公司缴纳的企业所得税继续为中央收入。

企业所得税。有关跨区经营企业的纳税方法有以下变化：

第一，企业所得税法规定，居民企业在中国境内设立不具有法人资格的营业机构的，应当汇总计算并缴纳企业所得税。对企业总机构汇总缴纳的企业所得税，一般使用固定比例（针对总机构所在地）、税收分配（针对分支机构所在地，采用分支机构经营收入、分支机构职工工资、分支机构资产总额三因素的公式分配）和财政分配方式在相关地区间进行分配。相关文件主要有：《财政部国家税务总局中国人民银行关于印发〈跨省市总分机构企业所得税分配及预算管理暂行办法〉的通知》（财预〔2008〕10号）、《国家税务总局关于印发〈跨地区经营汇总纳税企业所得税征收管理暂行办法〉的通知》（国税发〔2008〕28号）、《财政部 国家税务总局 中国人民银行关于印发〈跨省市总分机构企业所得税分配及预算管理办法〉的通知》（财预〔2012〕40号）、《国家税务总局关于印发〈跨地区经营汇总纳税企业所得税征收管理办法〉的公告》（国家税务总局公告2012年第57号）、《关于调整铁路运输企业税收收入划分办法的通知》（财预〔2012〕383号）、《国家税务总局 中国人民银行 财政部〈关于跨省合资铁路企业跨地区税收分享入库有关问题的通知〉》（国税发〔2012〕116号）。

第二，非居民企业在中国境内设立两个或两个以上机构、场所的，经税务机关审核批准，可以选择由其主要机构、场所汇总缴纳企业所得税。没有明文规定所得税如何在不同营业机构所在地间进行分配。

第三，终止合并纳税。《关于试点企业集团缴纳企业所得税有关问题的通知》（财税〔2008〕119号）指出，对2007年12月31日前经国务院批准或按国务院规定条件批准实行合并缴纳企业所得税的企业集团在2008年度继续按原规定执行。从2009年1月1日起，上述企业集团一律停止执行合并缴纳企业所得税政策。新企业所得税第五十二条规定，除国务院另有规定外，企业之间不得合并缴纳企业所得税。

因此，2009年以来，我国跨区经营企业所得税只有汇总纳税方法，纳税主体主要是企业法人（总机构）。对总分机构汇总缴纳的企业所得税主要按照税收和财政分配方式在地区间进行分配。

2.5.5 国外有关跨区经营公司纳税主体的选择对我国的启示

2.5.5.1 公司税的地区间分配属性与跨区经营公司纳税主体的关系

加拿大、欧盟、美国跨区经营公司所得税同我国一样，均涉及地区间税收分配。通过研究加拿大、欧盟、美国跨区经营公司所得税的纳税主体的历史演变与最新进展，我们发现：

首先，加拿大仍旧使用法人纳税方式，不允许集团合并纳税；欧盟计划采用集团合并纳税；美国部分州采用“单一企业”概念实行联合申报纳税。有关“集团”的定义，欧盟采用法律标准，而美国的州采用经济标准。

其次，公司税的地区间分配属性是否会影响各国或地区有关公司税纳税主体的制度选择。

就加拿大的情况来看，对此问题的回答是肯定的。加拿大的跨省经营公司所得税纳税主体制度在省际高度统一，这与我国类似。2013 年加拿大暂时放弃集团税制的构建主要出于以下两个原因：第一，有关选择什么样的集团合并纳税制度，企业界和地方政府意见不统一。就征询稿的回应看，大部分回应倾向于某种形式的损失转移制度，他们认为损失转移制度可以更好地与加拿大现行的法人纳税制度相契合，操作起来相对简单、转换成本较低，而完全的合并纳税制度比较复杂。持此意见的回应者主要为企业或事务所，这可能是从企业自身的税收筹划、遵从成本角度来考虑的。而安大略省则倾向于采用完全的集团合并纳税模式，因为这种制度可以减少省际税收筹划空间。第二，除了有关选择什么样的集团合并纳税制度未取得统一意见，还有有关所选取的集团税制会如何冲击省际公司税分配格局及如何应对的考虑。加拿大的法人纳税与公式分配[①]已稳定实施超过半个世纪，跨区经营公司税基的省际分配规则简单、公平，省际分配格局稳定。若改为集团合并纳税制度，会不会大大冲击目前的省际税收分配格局呢？如果是，能否建立某种收入保障机制来避免这种后果呢？从安大略省的回应来看，集团合并纳税制度对省际税收分配格局的冲击应是各省考虑的一个重要内容。

就欧盟的情况来看，从2004年明确提出CCCTB计划以来，CCCTB计划的框架、内容在不断地修订、补充甚至重构，由于涉及各国税权的部分让渡，至今仍未付诸实施，所以CCCTB是个长期计划。从CCCTB计划的宗旨来看，首要目的是消除欧盟成员国内部的税制差异障碍、推进欧盟统一市场进程，因此集团合并纳税会否冲击成员国内部现有税收分配格局似乎并不是其考虑的重点，但CCCTB计划关注集团会否通过操纵税基分配公式中的要素地点来降低集团总体税负的问题，并为此制定相应的反避税条款。那么欧盟CCCTB计划是否会冲击现有的成员国公司税分配格局呢？Fuest、Hemmelgarn和Ramb（2007），Devereux和Loretz（2008）等的模拟分析表明，CCCTB计划将明显降低总部经济发达的国家的公司税规模，因为这些国家以分配要素衡量的真实经济活动的规模较小。但目前为止CCCTB计划并未提出相应的收入保障机制来应对这些后果。我们据此推断，预计在公司税收入方面受到严重负面影响的国家并不倾向于加入CCCTB计划。

就美国州公司税情况来看，对此问题的回答同样是肯定的。在普遍对跨州税基采用公式分配的背景下，正是由于担心公司单独申报会增加公司州际税收筹划行为、减少州公司税，才促使某些州使用“单一企业”联合申报模式。美国跨州税收委员会的研究也支持联合申报会带来更加稳定的州税收收入的观点。只是由于有关联合申报里“单一企业”的判定各州规定不同、非常复杂且需要大量的事实认定和司法判

---

① 如前所述，加拿大采用工薪和营业收入对跨省公司税基进行分配，工薪采用产地原则衡量，营业收入采用消费地原则衡量。

定、管理成本较高，这限制了联合申报方法在各州的普遍应用。

最后，公司税的地区间分配属性与公司集团合并纳税的可容性条件。国外经验表明，要使公司税的地区间分配属性与公司集团合并纳税相容，需要有公平、有效的地区间税基分配规则。当公司集团合并纳税与分配规则结合能达到地区间公平稳定的税基分配格局时，集团合并纳税制度更易推进。

从加拿大安大略省的回应看，该省担心集团税制会冲击已有的省际公司税分配格局，这表明公平稳定的税基分配规则及公平稳定的税基分配结果是省特别关注的，以致成为集团税制实施的重要前提。从加拿大各方对集团税收计划的回应来看，有以下选项可以使公司税地区间分配规则与集团税制相容：第一，保留现有分配规则并建立收入补偿机制，以应对省际税收分配格局的不公平结果（如果出现这种结果）；第二，重新建立标准的集团分配模式对跨省税基分配；第三，省际税收分配规则应公平、透明，有利于追踪和评估分配规则对各省税收的影响。

欧盟 CCCTB 计划对公司集团的合并纳税税基在成员国间采用公式分配，分配规则的制定本身着眼于形成地区间公平和稳定的税收分配格局，以使集团合并纳税制度更易为成员国所接受。

美国各州的联合申报源于公司单独申报和转让定价对州税基的侵蚀。美国各州的税基分配规则是州根据经济政策等目标自主选择的结果，跨州税基分配规则[①]与联合申报结合，已证明有助于使州获得更稳定的公司税。

2.5.5.2 我国集团合并纳税的前景及须解决的问题

(1) 企业集团合并纳税制度在我国的前景

2009 年起原企业集团合并纳税停止执行，其主要原因，一是为了

---

① 如前所述，美国各州对跨州经营所得使用最多的分配规则是三因素规则，即工薪、资产和销售额，前两者采用产地原则衡量，销售额采用消费地原则衡量。

降低新企业所得税制实施的阻力，二是为了减少税收转移对地方财政的影响。但是近年来，企业所得税合并纳税制度逐渐成为发达国家和地区支持企业集团发展的重要手段，其中 OECD 更是超过 2/3 的成员国实行了企业集团所得税合并纳税制度。《2013 年中国大企业集团年度发展报告》显示，大型企业集团仍是我国经济发展的支柱，但却缺乏相关的企业集团税制支持。我国有必要重启企业集团所得税合并纳税制度，这是增强我国企业国际竞争力的重要一步。此外，我国的集团合并纳税制度共实施了 15 年，具备实施集团合并纳税制度的经验基础。《中华人民共和国企业所得税法》第五十二条也为未来重启集团合并纳税留出了余地。

（2）我国现行跨省经营企业所得税分配规则与集团合并纳税制度的相容性

与加拿大、欧盟、美国已经建立或从制度上致力于建立公平有效的跨区公司税基分配规则不同，我国省际企业所得税分配格局公平性和稳定性均不足。总体而言，跨省经营企业所得税分配规则有利于总部所在地、生产地，不利于分支机构所在地和消费地。若采用现行分配规则并采用集团合并纳税制度，将进一步扩大地区间税收差距，促使税收从欠发达地区、分支机构所在地、子公司所在地、消费地流向发达地区、母公司所在地和生产地。这将使税制本身存在导致严重不公平的内在机制（杨斌，2014）。因此，我国现行跨省经营企业所得税分配规则与集团税制是不相容的，不利于产生公平、稳定的地区间税收分配格局。也因此，集团合并纳税制度虽是我国企业所得税制未来的发展方向，但目前正式的集团合并纳税制度还不具备普遍推出的条件。

（3）我国集团合并纳税制度推出须解决的问题

考虑到我国企业所得税的地区间分配属性，未来重启集团合并纳税制度须有公平、有效的跨区经营企业所得税分配规则作为制度基础。这包括分配规则对总机构和分支机构无差别对待、放弃维护既得利益的财政分配以及更加注重消费地的税收利益等内容。建立了公平有效的跨区经营企业所得税分配规则后，可以考虑重启企业集团合并纳税制度，并可参考和借鉴加拿大、欧盟、美国的制度设计理念和经验，着重考察合并纳税对相关地区税基的冲击效应并制定相应对策，包括：第一，引进集团合并纳税制度，应选取不同行业的典型企业进行合并纳税试点，建立监控系统以追踪合并纳税对不同省份企业所得税税基的冲击。第二，应考虑可能的省际补偿机制和税收保障机制。即如果实行集团合并纳税制度后，有省份出现大额持续的税收净损失，应由中央财政启动税收补偿和保障机制。第三，为防止企业集团操纵公式分配中所涉及的要素来降低集团税负，可以借鉴欧盟制定反避税或反滥用条款。第四，在制度设计上，可规定企业集团的成员留在集团内部的最小期限，以保障省际税基分配的稳定性。

3

我国企业所得税地区间分配公平性的实证分析

本章是对我国现行企业所得税地区间分配公平性的实证分析①。首先使用全国数据对地区间企业所得税分配的公平性进行了测量，并考察了影响地区间企业所得税分配公平性的主要因素。然后使用行业和产业数据进一步考察了我国地区间企业所得税分配格局。

3.1 引言与文献综述

学界对企业所得税地区间分配差距的关注源于税收与税源背离问题。2002 年企业所得税分享制度改革、2008 年内外资企业所得税合并以及总部经济盛行，更是引发了人们对汇总纳税下企业所得税收入从欠发达地区向发达地区转移、从分支机构所在地向总机构所在地转移问题的担忧。关于企业所得税地区间分配差距状况，王道树（2007）考察了省际人均内外资企业所得税收入分布差异，结论是，1994—2005 年我国省际人均内外资企业所得税收入分布差异既超过其对应税源分布差异，又超过全部税收收入分布差异。税收与税源问题研究课题组（2007）收录了跨区经营企业所得税分配的大量案例，分析表明，陕西、山西、河南、湖北、重庆等中西部地区的企业所得税税收与税源背离情况比较严重。刘金山和王倩（2009）分析发现，2000—2006 年东部地区为企业所得税净转入地，中西部地区为企业所得税净转出地，且转移力度较强，区域企业所得税的背离程度要高于地方级税收的背离程度，区域企业所得税分配存在“劫贫济富”现象。关于总部经济与企业所得税地区间分配差距的关系，邢俊英（2005）、贾康等（2007）、叶振鹏和周金荣（2008）、邓子基和李为巍（2011）、靳万军（2012）

① 本章内容以本书阶段性研究成果为基础整理补充，参见 2013 年第 3 期《中南财经政法大学学报》中的《企业所得税地区间分配的公平性研究》。

均考察了总部经济对地区间企业所得税分配的影响，结论是总部经济一般会扩大企业所得税地区间分配差距。总结上述文献发现，虽然研究均承认企业所得税地区间分配差距日益拉大、省际存在企业所得税的税收与税源背离问题，并指出了存在上述问题的一些重要原因，如总部经济及现行跨省市总分机构企业所得税分配制度的设计等，但有关导致企业所得税地区间分配差距拉大的作用机制还缺乏较为系统的定量研究。本书拟利用 2002—2010 年省际面板数据，考察 2002 年所得税分享制度改革以来地区间企业所得税分配的公平性及主要影响因素，并探寻增进地区间企业所得税分配公平性的政策启示。

3.2 企业所得税地区间分配的公平性

3.2.1 企业所得税地区间分配的公平性原则

随着地区间和国际经济往来的日益频繁，跨区经营已经成为多数企业的投资决策。企业所得税是对企业生产经营活动的应纳税所得额进行课税，企业某一时期的应纳税所得额可以通过对企业的税前会计利润进行永久性差异和时间性差异的纳税调整得出。从长期来看企业的应纳税所得总额大致相当于经过永久性差异调整后的企业税前会计利润总额。企业所得税的税基是企业的应纳税所得额，而其税源是企业所创造的社会财富即 GDP。通常而言，税源越广，税基也就越大。对于跨区经营企业而言，其在不同地区的税基大小也取决于这些地区的税源的大小。每个地区的税源大小是该地区对跨区经营企业所得税贡献大小的源泉。鉴于此，有关企业所得税地区间分配的公平原则可以定义为，不同地区从同一跨区经营企业所得税总额中分得的份额应与这些地区为这一跨区经营企业做出贡献份额的大小即与当地为该跨区经营企业所创造的财富份额的大小相一致。换言之，企业所得税在地区间的分配应对地区间资源配置保持中性，坚持贡献多的地区多得、贡献少的地区少得、没有贡献的地区不得的原则。税收公平原则坚持的好坏关系到税收收入在不同地区间分配的公平程度，进而影响到企业所得税的效率和不同地区乃至全国的经济发展与稳定。

3.2.2 企业所得税地区间分配公平性的评价标准

本书使用不同地区从跨区经营企业每单位 GDP 中获得的企业所得税，来考察不同地区对跨区经营企业征收的企业所得税是否符合公平原则。在计算时我们采用标准化的方法，以全国平均每单位 GDP 的企业所得税值为 1。不同地区每单位 GDP 的企业所得税同样通过标准化得到，具体计算办法为用某地区平均每单位 GDP 的企业所得税的值除以全国平均每单位 GDP 的企业所得税的值得到，若该值大于 1，则可得出该地区得到的企业所得税份额（该地区的企业所得税占全国企业所得税的比重）高于该地区的 GDP 份额（该地区的工业产值份额占全国工业产值份额的比重），该值越大，说明前者的份额高出后者的份额越多，该地区从目前的企业所得税分配格局中受益越大；若该值小于 1，则可得出该地区得到的企业所得税份额小于该地区的 GDP 份额，该值越小，说明前者的份额低于后者的份额越多，该地从目前的企业所得税分配格局中受损越大。

使用上述办法，具体分析中采用两个口径。第一个口径，考察企业所得税征收的地区公平性，反映不同地区从跨区经营企业每单位 GDP 中所征收的企业所得税的多寡；第二个口径，考察企业所得税分配的地区公平性，反映不同地区从跨区经营企业每单位 GDP 中所实际获得的企业所得税的多寡。区别使用两个口径主要是因为地方征收的企业所得税并不等同于地方实际获得的企业所得税。具体表现在：首先，现行企业所得税中，有部分企业的所得税全部归中央收入。其次，对于其余企业所得税，由中央和地方共享，即在2001年基础上的增量部分中央与地方六四分成。扣除中央企业所得税以及中央分成后的余额才是地方实际获得的企业所得税。最后，对跨区经营汇总（合并）纳税的企业的所得税还可能在相关地区间进行分配①。

3.2.3 企业所得税地区间分配公平性的测量

表3-1和表3-2分别对两种口径下企业所得税地区间分配的公平性进行了测量。

表3-1 各地区每单位GDP所征收的企业所得税

地区	2002年	2003年	2004年	2005年	2006年	2007年	2008年	2009年	2010年
北京	4.29	4.17	3.88	5.01	5.68	5.59	6.23	7.35	5.48
天津	1.56	1.51	1.77	1.95	2.00	1.74	1.72	1.21	1.44
河北	0.55	0.55	0.52	0.57	0.55	0.53	0.52	0.51	0.56
山西	0.46	0.53	0.59	0.84	0.96	1.09	0.89	1.05	0.97
内蒙古	0.44	0.35	0.32	0.48	0.49	0.51	0.52	0.56	0.65
辽宁	0.70	0.70	0.86	0.85	0.71	0.72	0.74	0.60	0.70
吉林	0.62	0.58	0.53	0.52	0.51	0.49	0.54	0.59	0.58
黑龙江	0.99	1.06	1.12	1.10	1.09	0.85	0.87	0.72	0.62
上海	2.01	2.19	2.37	2.21	2.06	2.35	2.48	2.24	2.50
江苏	0.81	0.83	0.92	0.84	0.80	0.84	0.84	0.82	0.95
浙江	1.20	1.22	1.24	1.07	1.01	0.99	0.88	0.86	0.93

① 2002年所得税分享改革以后，财政部出台文件对部分跨区经营企业的所得税采用财政分配方式在总分机构所在地间进行分配，但实践中使用该办法的企业很少。2002—2007年企业所得税的地区归属方法总体上多样而复杂。2008年内外资企业所得税合并后，财预〔2008〕10号文件对跨省市总分机构企业所得税建立了统一的地区间分配规则。

续表

地区	2002 年	2003 年	2004 年	2005 年	2006 年	2007 年	2008 年	2009 年	2010 年
安徽	0.60	0.58	0.60	0.54	0.57	0.57	0.60	0.61	0.67
福建	0.78	0.84	0.84	0.75	0.75	0.70	0.75	0.79	0.82
江西	0.42	0.42	0.43	0.42	0.46	0.52	0.52	0.46	0.51
山东	0.77	0.70	0.66	0.61	0.62	0.58	0.53	0.48	0.55
河南	0.55	0.54	0.54	0.51	0.53	0.53	0.45	0.44	0.45
湖北	0.58	0.58	0.63	0.70	0.69	0.63	0.65	0.61	0.60
湖南	0.34	0.34	0.36	0.33	0.35	0.37	0.34	0.31	0.30
广东	1.22	1.20	1.05	0.98	0.96	1.00	1.03	0.99	1.12
广西	0.59	0.59	0.51	0.45	0.42	0.38	0.39	0.38	0.53
海南	0.58	0.55	0.56	0.60	0.57	0.60	0.90	1.07	1.24
重庆	1.33	1.23	1.22	1.24	0.39	0.42	0.46	0.46	0.69
四川	0.18	0.20	0.19	0.18	0.58	0.61	0.55	0.60	0.65
贵州	0.72	0.69	0.76	0.75	0.78	0.81	0.76	0.81	0.85
云南	1.09	1.03	0.99	0.95	0.90	0.89	0.84	0.82	0.87
西藏	0.51	0.47	0.35	0.34	0.27	0.27	0.36	0.39	0.76
陕西	0.63	0.60	0.58	0.63	0.75	0.73	0.76	0.63	0.70
甘肃	0.49	0.42	0.39	0.41	0.38	0.47	0.45	0.39	0.38
青海	0.38	0.29	0.30	0.40	0.52	0.48	0.63	0.73	0.68
宁夏	0.43	0.41	0.39	0.40	0.36	0.36	0.38	0.51	0.62
新疆	0.50	0.51	0.70	0.77	0.88	0.71	0.96	0.70	0.93

资料来源：根据相关年份《中国税务年鉴》和《中国统计年鉴》数据计算整理得出。

表3-1数据显示如下结果：第一，2002—2010年，北京、上海、天津每单位GDP所征收的企业所得税的值始终大于1，说明上述地区从征收的角度来看始终是税收流入地，从数值大小排名来看，北京是最主要的税收流入地，其次是上海，最后是天津。第二，2002—2010年，广东每单位GDP所征收的企业所得税的平均值接近1，说明广东大致处于税收非流入也非流出的一种状况。第三，2002—2010年，除上述地区外的其他地区总体而言每单位GDP所征收的企业税的值始终小于1，说明这些地区从征收的角度总体而言处于税收流出地的状况。

表 3-2 各地区每单位 GDP 所获得的企业所得税

地区	2002 年	2003 年	2004 年	2005 年	2006 年	2007 年	2008 年	2009 年	2010 年
北京	2.07	2.04	2.01	2.24	2.41	2.42	3.25	2.78	2.65
天津	1.09	1.03	1.05	1.07	1.10	1.12	1.13	1.00	1.00
河北	0.57	0.53	0.52	0.57	0.58	0.56	0.54	0.61	0.59
山西	0.51	0.58	0.67	0.87	1.03	1.12	0.89	1.15	0.98
内蒙古	0.49	0.39	0.34	0.54	0.58	0.57	0.58	0.66	0.69
辽宁	0.92	0.91	1.04	1.12	0.97	1.01	1.02	0.93	0.99
吉林	0.64	0.58	0.48	0.43	0.43	0.47	0.52	0.61	0.58
黑龙江	0.37	0.33	0.29	0.36	0.38	0.36	0.43	0.53	0.49
上海	2.11	2.37	2.52	2.54	2.31	2.55	2.74	2.51	2.56
江苏	0.86	0.88	1.00	0.98	0.96	0.96	0.96	0.98	1.03
浙江	1.54	1.56	1.65	1.52	1.46	1.36	1.20	1.26	1.24
安徽	0.65	0.64	0.67	0.63	0.70	0.66	0.68	0.72	0.72
福建	1.03	1.15	1.18	1.10	1.16	1.03	1.02	1.09	1.07
江西	0.47	0.47	0.48	0.48	0.56	0.60	0.59	0.55	0.56
山东	0.88	0.80	0.77	0.74	0.77	0.73	0.66	0.66	0.70
河南	0.58	0.55	0.55	0.55	0.59	0.58	0.50	0.53	0.50
湖北	0.60	0.58	0.60	0.66	0.65	0.60	0.63	0.60	0.56
湖南	0.40	0.38	0.39	0.39	0.42	0.41	0.37	0.36	0.32
广东	1.55	1.51	1.32	1.29	1.30	1.36	1.38	1.41	1.47
广西	0.64	0.65	0.57	0.54	0.54	0.46	0.44	0.44	0.54
海南	0.71	0.62	0.64	0.71	0.71	0.69	1.02	1.25	1.33
重庆	0.48	0.49	0.48	0.50	0.49	0.51	0.52	0.54	0.74
四川	0.68	0.63	0.61	0.63	0.68	0.69	0.62	0.71	0.69
贵州	0.78	0.80	0.89	0.92	0.99	0.94	0.87	0.97	0.93
云南	1.19	1.12	1.10	1.10	1.11	1.03	0.96	0.99	0.97
西藏	0.51	0.53	0.42	0.40	0.32	0.32	0.38	0.43	0.75
陕西	0.60	0.60	0.51	0.59	0.74	0.69	0.66	0.67	0.67

续表

地区	2002 年	2003 年	2004 年	2005 年	2006 年	2007 年	2008 年	2009 年	2010 年
甘肃	0.56	0.49	0.44	0.48	0.48	0.56	0.51	0.46	0.41
青海	0.39	0.38	0.41	0.49	0.55	0.49	0.57	0.71	0.65
宁夏	0.49	0.46	0.45	0.45	0.45	0.42	0.43	0.59	0.66
新疆	0.47	0.38	0.35	0.33	0.35	0.35	0.51	0.62	0.66

资料来源：根据相关年份《中国税务年鉴》和《中国统计年鉴》数据计算整理得出。

表 3-2 数据显示如下结果：第一，2002—2010 年，北京、上海、广东、天津、浙江、福建每单位 GDP 所获得的企业所得税的值始终大于 1，说明上述地区从获得的角度来看始终是税收流入地，从数值大小排名来看，上海和北京是最主要的税收流入地，其次是浙江和广东，最后是福建和天津。第二，2002—2010 年，除上述外的其他地区总体而言每单位 GDP 所获得的企业所得税的值始终小于 1，说明这些地区从获得的角度总体而言处于税收流出地的状况。

表 3-1 与表 3-2 的相同点在于，流入地与流出地的总体状况除广东、浙江、福建有变化外，其余地区均相同，差异在于，地区间企业所得税分配水平的差距从征收的角度要大于获得的角度。

3.3 影响企业所得税地区间分配公平性的主要因素及研究假设

有关企业所得税地区间分配差距，本书主要考察三方面的影响因素。

第一方面的因素是产业集聚。跨区经营企业从事生产经营活动的目的是实现企业整体利润的最大化，而企业内部各分支机构创造利润的能力是不同的。通常处于产业聚集水平越高地区的分支机构盈利能力也越高，该机构在企业整体中的地位也越高。于是地位高的分支机构会通过影响企业整体的经营决策，将收益更多地留在本机构，而将成本转移给其他机构，从而实现了等量的利润或产出为本地创造更多的企业所得税收入，这种情况在实行法人所得税下的汇总纳税时会变得更加明显。我们假设，企业所得税地区间分配格局更倾向于产业集聚水平高的地区。

第二方面的因素是总部经济。无论是内外资企业所得税合并之前还是合并之后，总机构在跨区经营企业所得税分配中都占据着绝对优势。在内外资企业所得税合并之前，内资企业 2002—2007 年企业所得税的地区归属方法虽然多样且复杂，但总机构所在地在地区间企业所得税分配格局中的主导地位始终没有动摇。对于外商投资企业和外国企业，所得税实行法人纳税制，不具有法人资格的分支机构由总机构统一汇总纳税。从税收分配角度讲就是总机构所在地享受了主要的税收利益，不考虑分支机构所在地的利益。

内外资企业所得税合并之后，按照财预〔2008〕10 号文件的规定，总分机构汇总缴纳的企业所得税，25% 由总机构所在地政府分享。这从制度上预先保证了总机构所在地的税收利益。此外，总机构可以在一定程度上决定分支机构之间的成本与收益的分摊，即可以决定各分支机构所在地的税收利益。综上所述，我们假设，企业所得税地区间分配格局更倾向于总部经济发达的地区。

第三方面的因素是地方的政治议价能力。地方的政治议价能力反映各地区拥有的在企业所得税分配政策制定、执行等方面的影响力。一个地区的议价能力越强，该地区在企业所得税分配规则的确定中越处于优势地位。在税收及企业所得税问题上，我国税收的立法权集中于中央，地方政府基本没有税收立法权，但各地方可以通过各种手段影响中央政府的税收立法，从而使自己处于有利地位。因此，我们假设，企业所得税地区间分配格局更倾向于政治议价能力强的地区。

3.4 数据来源与计量模型设定

本部分以衡量企业所得税地区间分配公平性的两个口径分别作为被解释变量，考察上述三方面因素在企业所得税地区间分配格局中的作用。由于企业所得税分享制度改革始于 2002 年，本书使用了 31 个省 2002—2010 年的数据。税收资料数据来自《中国税务年鉴》，人口数据来自《中国人口统计年鉴》，政府行政性支出或一般公共服务数据来自《中国财政年鉴》，GDP 及其他数据来自《中国统计年鉴》和《新中国 60 年统计资料汇编》。

本书解释变量及衡量指标设定如下。

解释变量 1：产业集聚。一个地区的产业集聚水平取决于诸多要素，在此借鉴雷根强和何惠敏（2009）衡量产业集聚水平的方法，用包括基础要素、企业要素和市场要素在内的三大要素组合来衡量一个地区的产业集聚水平。其中基础要素包括资源和设施，用劳动力集聚（各地区年末从业人员占全国从业人员的比重）和交通条件（地区的公路里程与国土面积的比重）来衡量，两者权重各占 50%；企业要素用地区规模以上工业企业单位数占全国规模以上工业企业单位数的比重来衡量；市场要素包括内部市场和外部市场，用内部市场（各地区 GDP 与全国 GDP 的比重）和外部市场（地区进出口贸易总额占 GDP 的比重）来衡量，两者权重各占 50%。

解释变量 2：总部经济。总部经济的发展是多种因素共同作用的结果，既取决于各地区政府的服务水平，也取决于各地区市场所能提供的人力资源和服务的水平。总部同生产基地相比具有不稳定性，因此总部经济对区域的环境更敏感，对上述各项服务水平均提出了更高的要求。

在此用政府行政效率、第三产业的发展水平和城市化水平来共同衡量一个地区的总部经济。政府行政效率用以反映一个地区为了每单位的经济发展所需要的政府行政性开支。每单位 GDP 所需要的行政性开支越低，说明一个地区提供公共服务的能力与水平越高，反之，则说明越低。总部经济通常有赖于一系列相关第三产业的支撑才能得以发展，总部经济发达的地方往往第三产业也比较发达，此处用各地区第三产业 GDP 占当地 GDP 的比重来衡量各地区的第三产业发展水平。城市化水平反映一个城市人口集聚优势的大小，城市化水平越高，人力资源的竞争程度越强，企业获取同等收入所付出的人力资源成本相对越低，反之则越高。此处用各地区的城镇人口占当地总人口的比重来衡量各地区的城市化水平。

解释变量 3：地方的政治议价能力。在此用各地区北京大学本科生的招生人数占当地总人口的比重[①]来衡量各地区的议价能力。其合理性在于：我国的大学以国有占绝对地位，其中重点大学更是全部为国有。国有大学在各地招生规模的大小和结构在很大程度上取决于各地区的议价能力。随着 1999 年以来我国高校招生规模的不断扩大，大学教育已经从精英教育转变为大众教育，在此转变过程中，人们对重点大学尤其是名校的追逐随着就业竞争的不断加剧而愈演愈烈，作为全国人民心中著名大学代表的北京大学，其在各地的高考招生人数很大程度上反映了各地区的议价能力。

表 3 - 3 是被解释变量和解释变量的基本数据。

表 3 - 3　　变量统计描述

变量	均值	标准差	最小值	最大值
被解释变量				
每单位 GDP 征收的企业所得税（ceitpgdp）	0.89	0.92	0.18	7.35

① 这一数据的单位是：招生人数/10 万人。

续表

变量	均值	标准差	最小值	最大值
每单位 GDP 获得的企业所得税（seitpgdp）	0.83	0.52	0.29	3.25
解释变量				
基础（产业集聚）（groundind）	1.01	0.63	0.05	3.22
企业（产业集聚）（entind）	0.03	0.04	0.00	0.15
市场（产业集聚）（marketind）	0.33	0.41	0.02	1.63
第三产业发展水平（总部经济）（headq）	0.40	0.08	0.29	0.76
政府行政效率（总部经济）（pub）	0.02	0.02	0.01	0.19
城市化水平（总部经济）（urban）	0.47	0.16	0.23	0.89
议价能力（negot）	0.21	0.33	0.03	2.26

2008 年内外资企业所得税合并，同时出台了全国统一的跨省市总分机构企业所得税分配办法。为了考察企业所得税分配制度改革对企业所得税地区间分配格局是否存在显著影响，我们引入虚拟变量 d，当时间为 2008 年及之后，d = 1；否则 d = 0。为了进一步考察企业所得税分配制度改革前后总部经济对企业所得税地区间分配格局的影响方向及作用力度，我们引入总部经济与 d 的交互项。为减少模型估计中损失的自由度，我们以各地区第三产业的发展水平来刻画总部经济的核心特征，并以此指标建立与 d 的交互项。此外，我们引进时间趋势项考察 2002—2010 年企业所得税地区间分配差距的走向。

本书回归模型为：

$$ceitpgdp_{it} = \beta_0 + \beta_1 groundind_{it} + \beta_2 entind_{it} + \beta_3 marketind_{it} + \beta_4 headq_{it} + \beta_5 pub_{it} + \beta_6 urban_{it} + \beta_7 negot_{it} + \gamma t + u_i + \varepsilon_{it} \quad (3-1)$$

$$ceitpgdp_{it} = \beta_0 + \beta_1 groundind_{it} + \beta_2 entind_{it} + \beta_3 marketind_{it} + \beta_4 headq_{it} + \beta_5 pub_{it} + \beta_6 urban_{it} + \beta_7 negot_{it} + \beta_8 d_t + \beta_9 headq_{it} \times d_t + u_i + \varepsilon_{it} \quad (3-2)$$

$$seitpgdp_{it} = \beta_0 + \beta_1 groundind_{it} + \beta_2 entind_{it} + \beta_3 marketind_{it} + \beta_4 headq_{it} + \beta_5 pub_{it} + \beta_6 urban_{it} + \beta_7 negot_{it} + \gamma t + u_i + \varepsilon_{it} \quad (3-3)$$

$$seitpgdp_{it} = \beta_0 + \beta_1 groundind_{it} + \beta_2 entind_{it} + \beta_3 marketind_{it} + \beta_4 headq_{it} + \beta_5 pub_{it} + \beta_6 urban_{it} + \beta_7 negot_{it} + \beta_8 d_t + \beta_9 headq_{it} \times d_t + u_i + \varepsilon_{it} \tag{3-4}$$

其中，下标 i 代表各个地区截面单位，t 代表 2002—2010 年的 9 个年份。

上述模型的差别在于：模型（3－1）和模型（3－2）的被解释变量为每单位 GDP 征收的企业所得税，模型（3－3）和模型（3－4）的被解释变量为每单位 GDP 获得的企业所得税；模型（3－1）和模型（3－3）的解释变量相同，模型（3－2）和模型（3－4）的解释变量相同，模型（3－1）、模型（3－3）与模型（3－2）、模型（3－4）的不同之处在于，前者在上述三个解释变量基础上加入了时间趋势项，后者在上述三个解释变量的基础上加入虚拟变量以及第三产业发展水平与虚拟变量的交互项。

3.5 估计结果与分析

模型设定检验中，在混合回归、固定效应和随机效应模型之间选择了固定效应模型，但由于模型中存在异方差、序列相关以及截面相关，本书最终选择使用 FGLS 进行估计。估计结果如表 3－4 所示。估计结果同时表明：对于两个口径的被解释变量，本书的三个研究假设逐一得到验证，具体分析如下。

表 3－4　　估计结果

	每单位 GDP 征收的企业所得税		每单位 GDP 实际获得的企业所得税	
	模型（1）	模型（2）	模型（3）	模型（4）
基础	0.179*	0.262***	0.091**	0.088
	(1.725)	(3.259)	(2.026)	(1.496)

续表

	每单位 GDP 征收的企业所得税		每单位 GDP 实际获得的企业所得税	
	模型（1）	模型（2）	模型（3）	模型（4）
企业	-1.606 （-0.366）	-1.288 （-0.835）	0.511 （0.167）	1.456 （0.604）
市场	0.18* （1.633）	0.223** （1.965）	0.207*** （2.827）	0.227*** （2.512）
第三产业发展水平	1.187** （2.190）	0.144 （0.205）	1.437*** （4.553）	0.248 （0.521）
政府行政效率	-3.398*** （-3.079）	-2.877*** （-2.768）	-1.840*** （-2.521）	-1.967** （-2.110）
城市化水平	0.431*** （3.106）	0.658*** （3.672）	0.455*** （3.309）	0.472*** （3.570）
政治议价能力	1.399*** （5.652）	1.442*** （5.168）	0.239** （2.267）	0.341*** （3.315）
时间趋势	0.029** （2.118）		0.018** （2.221）	
虚拟变量		-0.255 （-0.956）		0.526*** （-5.218）
总部经济与虚拟变量的交互项		0.981 （1.527）		1.460*** （5.566）
样本个数	279	279	279	279
F 统计量	96.73	252.28	94.2	143.01

注：括号中的数值为系数 t 的统计量；***、**、*分别表示在 1%、5%、10% 水平上显著。

首先考察以单位 GDP 征收的企业所得税为被解释变量的模型。模型（3-1）衡量产业集聚因素的三个变量中，基础要素和市场要素均与被解释变量正相关，且都在 10% 的水平上显著，而企业要素不显著。模型（3-2）中，基础要素在 1% 的水平上显著，市场要素在 5% 的水平上显著，这两个要素均与被解释变量正相关，企业要素同样不显著。

这说明某地规模以上工业企业数量多并不意味着该地企业在跨区经营企业的成本收益决定中占据优势，而市场份额和盈利能力起着更为重要的作用。我们基本可以判断，产业集聚因素在一定程度上增强了地方从等量 GDP 中征收企业所得税的能力。也就是说，从征收角度，“研究假设1”（企业所得税地区间分配格局更倾向于产业集聚水平高的地区）得到验证。但从系数的值来看，产业集聚因素的作用力度并不大。

模型（3－1）衡量总部经济因素的三个变量中，第三产业发展水平在 5% 的水平上显著，政府行政效率和城市化水平均在 1% 的水平上显著。从作用力度来看，政府行政效率作用力度最大，与被解释变量负相关；其次是第三产业发展水平，与被解释变量正相关；最后是城市化水平，与被解释变量正相关。估计结果表明总部经济会显著增加某地从单位 GDP 中征收的企业所得税，这与各地区如火如荼地展开吸引总部落户本地的经济现实吻合。在模型（3－2）中，政府行政效率和城市化水平依然在 1% 的水平上显著，系数方向与模型（3－1）一致。模型（3－2）第三产业发展水平不显著，原因是我们引入了虚拟变量与第三产业发展水平的交互项。从估计结果来看，交互项系数虽然为正，但统计上不显著，说明总部经济对被解释变量的影响在税收分配制度变革前后没有显著差异。总之，有关总部经济因素的回归结果表明，从征收角度，“研究假设 2”（企业所得税地区间分配格局更倾向于总部经济发达的地区）也得到验证。

地方的政治议价能力在模型（3－1）和模型（3－2）中与被解释变量均正相关，且在 1% 的水平上显著。系数值表明议价能力在地区间企业所得税征收格局中起着重要作用。换句话讲，等量 GDP 所征收的企业所得税偏向于政治议价能力强的地区，从征收角度，“研究假设 3”（企业所得税地区间分配格局更倾向于政治议价能力强的地区）得到验证。

此外，模型（3－1）时间趋势系数为正且在 5% 的水平上显著，表明企业所得税征收的地区差距在 2002—2010 年有拉大趋势。模型

(3－2)虚拟变量则并不显著，说明从征收角度而言企业所得税地区间分配格局在2008年前后没有显著差异。

虽然一般来讲某地征收的企业所得税与该地获得的企业所得税高度正相关，但正如本章第二部分所述，我国政府间企业所得税分配内容还是比较复杂的。为了更准确地分析地区间企业所得税分配格局的影响因素，模型（3－3）和模型（3－4）以单位GDP实际获得的企业所得税为被解释变量重新做了上述回归。从产业集聚因素来看，模型（3－3）中基础要素和市场要素分别在5%和1%的水平上显著，而模型（3－4）中只有市场要素依然在1%的水平上显著。模型（3－3）和模型（3－4）的回归结果表明产业集聚水平越高，地方从等量GDP中实际获得的企业所得税就越多。尤其是某地企业内部和外部市场份额越大，则该企业在跨区经营企业的成本收益分摊中越具有话语权。但从系数值来看，产业集聚因素的作用不大。从获得角度，"研究假设1"得到验证。

从总部经济因素来看，模型（3－3）中政府行政效率、第三产业发展水平及城市化水平各自作用方向与预期相同，作用力度依次递减，且均在1%的水平上显著。表明总部经济在企业所得税地区间分配格局中起了重要作用。模型（3－4）的结果也很稳健。虽然第三产业发展水平不再显著，但第三产业发展水平与虚拟变量的交互项非常显著且系数为正，这表明2008年跨省市总分机构企业所得税分配办法出台以后，企业所得税地区间分配格局明显有利于总部经济发达的地区。换句话讲，2008年前总部经济在跨区经营企业所得税的分配中已经占据主导地位，2008年后总部经济的这种优势更是增强。与模型（3－1）总部经济变量的系数值相比，模型（3－3）第三产业发展水平的作用力度虽依然处于三变量中的第二位，但其作用力度已与行政效率相差很小；与模型（3－2）相比，模型（3－4）的估计结果表明2008年后总部经济所在地从等量GDP所实际获得企业所得税的能力明显突出。模型(3－3)和模型（3－4）的结果从获得角度验证了"研究假设2"。

模型（3－3）和模型（3－4）的结果表明，地方的政治议价能力在企业所得税地区间分配格局中作用依然显著，从获得角度，研究假设3得到验证。这说明对于被解释变量的两个口径，均是某地议价能力越强则企业所得税分配格局越有利于该地。异于模型（3－1）和模型（3－2）的是，政治议价能力在模型（3－3）和模型（3－4）中系数的值明显变小，其中的原因可能有两个：第一，实际获得的企业所得税数额关系到各地财源规模，因此，在税收分配环节各地对公平性的要求更加强烈，各地均力争本地在税收分配中“不吃亏”。第二，总部经济发达的地区政治议价能力一般也较强，2008年的跨省市总分机构企业所得税分配办法偏向于总部经济这一规定本身就是地方讨价还价的结果。如果结合总部经济来考察地方的议价能力，则议价能力因素在跨区经营企业所得税分配格局中依然起着重要作用。

从时间趋势来看，模型（3－3）的时间趋势系数为正且在5%的水平上显著，表明在样本区间内，地区间企业所得税分配差距有所扩大。而模型（3－4）虚拟变量系数为负且在1%的水平上显著，表明2008年跨省市总分机构企业所得税分配办法出台后，由于适用于全国所有跨区经营的内外资企业，实践中在一定程度上缓解了企业所得税地区间分配当中税收与税源背离的程度。

3.6 结　　论

哪些因素会导致企业所得税地区间分配当中税收与税源的背离？本书构建了企业所得税地区间分配公平性的指标并利用2002—2010年的省际面板数据，考察了影响企业所得税地区间分配公平性的主要因素。实证研究结果表明：

第一，总部经济越发达、产业集聚水平越高、政治议价能力越强的地区，从每单位 GDP 中征收的企业所得税和实际获得的企业所得税就越多。

第二，在样本分析区间，企业所得税地区间分配差距进一步拉大。

第三，2008 年统一了跨省市总分机构企业所得税的地区间分配办法，这在一定程度上缓解了企业所得税地区间分配当中税收与税源背离的问题。但是总部经济在企业所得税地区间分配格局中的作用在 2008 年后更加突出，这其实暗含着地区间企业所得税分配差距进一步拉大的潜在因素。

本书的政策启示是：

第一，应弱化企业所得税地区间分配格局的总部经济偏向。如果跨区经营企业所得税分配办法过度偏向总机构所在地，其直接结果是加剧企业所得税从分支机构所在地向总部所在地的流出，导致地区间对总机构选址的过度竞争，扰乱稳定的税收分配秩序，干扰企业组织形式的选择和企业的正常运营。因此，为了贯彻税收公平原则，跨省市总分机构企业所得税分配办法应将公式分配法扩展到总机构，对总机构和分支机构所在地一视同仁。

第二，应弱化地方的政治议价能力对企业所得税地区间分配的影响。除了正确对待总机构所在地和分支机构所在地，地区间企业所得税分配办法还应降低或取消财政分配所占的比重，因为财政分配实际上保留了既得利益对企业所得税地区间分配的影响。

总之，应遵循税收归属与税收来源相一致的原则，制定科学的跨区经营企业所得税地区间分配办法，以增进企业所得税地区间分配的公平，提高企业所得税运行效率，促进区域经济协调发展。

3.7 对结论的进一步佐证

以上研究得出的结论是以不同地区的 GDP 宏观数据和企业所得税数据为基础得出的，相对宏观。该宏观结论对于不同的产业和具体的行业是否依旧适用呢，以下分别以产业和行业为视角，分析 2002—2011 年不同地区的同类产业和同类行业的 GDP 所创造的企业所得税的税收贡献差异[①]。

3.7.1 产业视角的分析

表 3－5 和表 3－6 分别从第二产业和第三产业的角度对不同地区 GDP 所创造的企业所得税的税收贡献进行了描述。

表 3－5　2002—2011 年各地区每单位第二产业 GDP 创造的企业所得税的税收贡献水平

地区	2002 年	2003 年	2004 年	2005 年	2006 年	2007 年	2008 年	2009 年	2010 年	2011 年
北京	6.350	7.314	5.579	7.272	5.831	4.776	5.211	3.320	3.616	2.936
天津	0.798	0.642	0.885	0.814	0.895	1.003	0.946	2.762	2.111	2.390
河北	0.777	0.801	0.760	0.720	0.870	0.903	0.840	0.784	0.730	0.712
山西	0.873	0.764	0.848	1.008	1.145	1.414	1.797	1.234	1.833	1.459
内蒙古	0.697	0.686	0.559	0.433	0.635	0.754	0.893	0.789	0.977	0.919

① 以下分析以每单位产业 GDP 或每单位行业 GDP 的企业所得税为分析依据，计算时做标准化处理。具体计算公式：分子为某地区某产业或某行业企业所得税占全国该产业或行业企业所得税的比重；分母为某地区某产业或某行业 GDP 占全国该产业或行业 GDP 的比重。

续表

地区	2002 年	2003 年	2004 年	2005 年	2006 年	2007 年	2008 年	2009 年	2010 年	2011 年
辽宁	0.917	0.763	0.875	1.117	1.261	0.976	0.916	0.914	0.722	0.770
吉林	0.755	0.702	0.706	0.686	0.808	0.902	0.692	0.901	1.059	0.817
黑龙江	1.568	1.636	1.773	1.824	2.176	2.520	1.984	1.689	1.359	0.903
上海	0.973	1.423	1.828	1.815	1.847	1.360	1.875	1.953	2.129	2.280
江苏	0.620	0.750	0.738	0.725	0.724	0.743	0.802	1.056	1.116	1.323
浙江	1.260	1.310	1.328	1.229	1.007	1.035	1.066	0.868	0.995	1.045
安徽	0.757	0.789	0.671	0.716	0.666	0.667	0.642	0.633	0.695	0.652
福建	0.472	0.568	0.663	0.571	0.523	0.620	0.623	0.752	0.825	0.865
江西	0.697	0.497	0.432	0.393	0.374	0.418	0.476	0.574	0.510	0.500
山东	1.283	0.946	0.916	0.801	0.836	0.942	0.861	0.734	0.673	0.739
河南	0.823	0.661	0.678	0.658	0.717	0.790	0.785	0.601	0.544	0.484
湖北	0.466	0.651	0.646	0.796	1.267	1.349	1.209	1.037	0.976	0.807
湖南	0.426	0.444	0.522	0.411	0.474	0.529	0.528	0.416	0.427	0.345
广东	0.895	0.857	0.915	0.754	0.621	0.616	0.673	1.048	1.178	1.267
广西	0.912	0.541	0.549	0.483	0.499	0.532	0.430	0.495	0.454	0.585
海南	0.574	1.031	0.609	0.871	0.895	0.790	0.671	0.996	1.613	1.424
重庆	1.811	1.617	1.466	1.373	1.545	0.377	0.425	0.516	0.462	0.699
四川	0.156	0.199	0.228	0.188	0.163	0.633	0.631	0.525	0.610	0.568
贵州	0.904	1.165	1.115	1.036	0.915	0.998	0.932	0.904	1.117	0.928
云南	1.196	1.642	1.627	1.524	1.406	1.367	1.305	1.149	1.138	0.986
西藏	0.829	1.421	1.164	0.863	0.795	0.644	0.616	0.673	0.819	0.863
陕西	1.143	1.001	0.928	0.991	1.080	1.448	1.250	1.228	1.075	1.021
甘肃	0.669	0.703	0.582	0.483	0.606	0.620	1.010	0.800	0.650	0.461
青海	1.067	0.628	0.431	0.438	0.792	1.201	1.173	1.200	1.234	1.149
宁夏	1.126	0.426	0.384	0.410	0.414	0.358	0.300	0.364	0.733	0.759
新疆	1.387	0.641	0.752	1.236	1.417	1.939	1.546	1.657	1.196	1.354

表 3-6 2002—2011 年各地区每单位第三产业 GDP 创造的企业所得税的税收贡献水平

地区	2002 年	2003 年	2004 年	2005 年	2006 年	2007 年	2008 年	2009 年	2010 年	2011 年
北京	0.042	0.043	0.043	0.043	0.061	0.062	0.062	0.061	0.061	0.060
天津	0.021	0.021	0.021	0.021	0.020	0.019	0.019	0.019	0.023	0.024
河北	0.046	0.046	0.046	0.046	0.043	0.043	0.043	0.042	0.040	0.040
山西	0.017	0.016	0.016	0.016	0.020	0.019	0.019	0.019	0.019	0.019
内蒙古	0.014	0.014	0.015	0.015	0.020	0.020	0.020	0.020	0.025	0.024
辽宁	0.050	0.049	0.048	0.047	0.041	0.039	0.037	0.037	0.039	0.039
吉林	0.018	0.018	0.017	0.017	0.018	0.019	0.019	0.019	0.018	0.018
黑龙江	0.028	0.027	0.027	0.026	0.024	0.023	0.023	0.023	0.022	0.022
上海	0.061	0.060	0.058	0.060	0.059	0.058	0.059	0.058	0.059	0.056
江苏	0.085	0.086	0.088	0.090	0.083	0.087	0.088	0.091	0.091	0.097
浙江	0.063	0.067	0.072	0.073	0.069	0.070	0.070	0.070	0.066	0.068
安徽	0.027	0.027	0.028	0.029	0.028	0.027	0.026	0.026	0.024	0.024
福建	0.041	0.040	0.039	0.039	0.032	0.033	0.034	0.034	0.034	0.033
江西	0.021	0.021	0.020	0.020	0.018	0.017	0.016	0.016	0.018	0.018
山东	0.083	0.083	0.083	0.083	0.076	0.079	0.080	0.082	0.078	0.081
河南	0.042	0.042	0.043	0.044	0.041	0.041	0.041	0.042	0.038	0.037
湖北	0.040	0.039	0.039	0.038	0.034	0.034	0.036	0.036	0.034	0.034
湖南	0.038	0.038	0.038	0.037	0.034	0.034	0.034	0.033	0.036	0.036
广东	0.104	0.104	0.101	0.099	0.123	0.123	0.124	0.121	0.120	0.117
广西	0.021	0.022	0.021	0.020	0.021	0.021	0.021	0.021	0.019	0.019
海南	0.006	0.005	0.005	0.005	0.005	0.005	0.005	0.005	0.005	0.005
重庆	0.018	0.018	0.018	0.018	0.017	0.017	0.016	0.016	0.016	0.016
四川	0.041	0.040	0.040	0.041	0.036	0.036	0.035	0.034	0.035	0.034
贵州	0.009	0.009	0.009	0.009	0.010	0.010	0.011	0.011	0.013	0.012
云南	0.018	0.018	0.017	0.017	0.018	0.017	0.017	0.018	0.017	0.016

续表

地区	2002 年	2003 年	2004 年	2005 年	2006 年	2007 年	2008 年	2009 年	2010 年	2011 年
西藏	0.002	0.002	0.002	0.002	0.002	0.002	0.002	0.002	0.002	0.002
陕西	0.018	0.017	0.018	0.018	0.018	0.018	0.018	0.018	0.021	0.021
甘肃	0.009	0.009	0.009	0.009	0.010	0.010	0.010	0.010	0.009	0.009
青海	0.003	0.003	0.003	0.003	0.003	0.003	0.003	0.003	0.003	0.003
宁夏	0.003	0.003	0.003	0.003	0.003	0.003	0.003	0.003	0.004	0.004
新疆	0.014	0.013	0.013	0.012	0.012	0.012	0.011	0.011	0.011	0.010

3.7.2 行业视角的分析

表 3－7 到表 3－10 分别从工业、建筑业、金融业和房地产业的角度对不同地区 GDP 所创造的企业所得税的税收贡献进行了描述。

表 3－7　　2002—2011 年各地区每单位工业 GDP 创造的企业所得税的税收贡献水平

地区	2002 年	2003 年	2004 年	2005 年	2006 年	2007 年	2008 年	2009 年	2010 年	2011 年
北京	8.225	6.190	8.112	6.261	5.190	5.747	3.581	3.923	3.039	3.000
天津	0.564	0.804	0.726	0.869	0.989	0.923	2.798	2.130	2.430	2.539
河北	0.796	0.760	0.718	0.877	0.910	0.840	0.784	0.707	0.679	0.644
山西	0.794	0.899	1.064	1.186	1.487	1.897	1.279	1.991	1.557	1.377
内蒙古	0.715	0.639	0.487	0.692	0.823	0.966	0.820	1.016	0.929	1.048
辽宁	0.724	0.841	1.118	1.282	0.988	0.916	0.912	0.673	0.733	0.682
吉林	0.698	0.704	0.700	0.843	0.958	0.699	0.928	1.105	0.817	0.987
黑龙江	1.700	1.841	1.888	2.267	2.671	2.100	1.770	1.414	0.889	1.415
上海	1.292	1.620	1.624	1.686	1.190	1.705	1.829	2.008	2.218	2.162
江苏	0.742	0.705	0.689	0.685	0.697	0.749	1.017	1.085	1.318	1.325
浙江	1.206	1.231	1.123	0.934	0.976	1.018	0.838	0.972	1.050	1.117

续表

地区	2002 年	2003 年	2004 年	2005 年	2006 年	2007 年	2008 年	2009 年	2010 年	2011 年
安徽	0. 845	0. 738	0. 797	0. 718	0. 717	0. 677	0. 666	0. 724	0. 666	0. 702
福建	0. 545	0. 637	0. 532	0. 471	0. 561	0. 564	0. 704	0. 776	0. 835	0. 875
江西	0. 588	0. 529	0. 465	0. 378	0. 415	0. 447	0. 563	0. 440	0. 441	0. 466
山东	0. 943	0. 930	0. 802	0. 858	0. 976	0. 896	0. 755	0. 702	0. 777	0. 853
河南	0. 688	0. 708	0. 690	0. 742	0. 806	0. 799	0. 602	0. 532	0. 467	0. 460
湖北	0. 658	0. 657	0. 829	1. 354	1. 461	1. 297	1. 080	1. 007	0. 815	0. 776
湖南	0. 471	0. 579	0. 460	0. 519	0. 581	0. 583	0. 443	0. 464	0. 363	0. 358
广东	0. 748	0. 811	0. 631	0. 519	0. 491	0. 569	0. 955	1. 094	1. 197	1. 089
广西	0. 563	0. 561	0. 494	0. 506	0. 514	0. 397	0. 470	0. 408	0. 515	0. 488
海南	1. 266	0. 574	0. 938	0. 911	0. 660	0. 460	0. 898	1. 421	1. 327	1. 832
重庆	1. 734	1. 586	1. 518	1. 687	0. 365	0. 406	0. 510	0. 451	0. 706	0. 644
四川	0. 210	0. 245	0. 183	0. 154	0. 666	0. 653	0. 517	0. 592	0. 501	0. 489
贵州	1. 330	1. 231	1. 100	0. 916	1. 034	0. 969	0. 912	1. 189	0. 962	0. 900
云南	1. 798	1. 795	1. 700	1. 549	1. 528	1. 436	1. 247	1. 270	1. 064	1. 069
西藏	1. 718	1. 062	0. 886	1. 224	0. 824	1. 069	1. 205	1. 619	1. 733	1. 837
陕西	1. 214	1. 131	1. 197	1. 197	1. 609	1. 400	1. 364	1. 239	1. 172	1. 193
甘肃	0. 784	0. 669	0. 535	0. 668	0. 653	1. 140	0. 901	0. 735	0. 483	0. 467
青海	0. 859	0. 579	0. 558	0. 962	1. 419	1. 381	1. 382	1. 447	1. 319	1. 029
宁夏	0. 446	0. 399	0. 422	0. 403	0. 345	0. 285	0. 353	0. 770	0. 788	1. 040
新疆	0. 754	0. 887	1. 491	1. 588	2. 162	1. 713	1. 821	1. 321	1. 477	1. 335

表 3－8　各地区每单位建筑业 GDP 创造的企业所得税的税收贡献水平

地区	2002 年	2003 年	2004 年	2005 年	2006 年	2007 年	2008 年	2009 年	2010 年	2011 年
北京	1. 415	2. 224	2. 023	1. 866	2. 031	1. 986	2. 067	2. 061	1. 927	1. 927
天津	1. 882	1. 254	1. 295	1. 406	0. 999	1. 009	1. 072	1. 692	1. 793	1. 903
河北	1. 113	0. 777	0. 793	0. 886	1. 121	1. 217	1. 306	0. 997	1. 410	1. 554
山西	0. 520	0. 454	0. 248	0. 220	0. 450	0. 474	0. 465	0. 487	0. 657	0. 721

续表

地区	2002 年	2003 年	2004 年	2005 年	2006 年	2007 年	2008 年	2009 年	2010 年	2011 年
内蒙古	1. 258	0. 998	0. 632	0. 448	0. 464	0. 459	0. 514	0. 783	0. 980	1. 363
辽宁	0. 952	0. 883	0. 985	0. 860	0. 741	0. 664	0. 761	0. 834	0. 986	0. 901
吉林	0. 657	1. 260	1. 433	0. 900	0. 732	0. 709	0. 999	0. 838	1. 072	1. 274
黑龙江	0. 650	0. 483	0. 439	0. 433	0. 512	0. 703	1. 332	0. 848	0. 878	0. 847
上海	2. 145	2. 680	2. 914	2. 680	2. 874	2. 506	3. 144	2. 633	2. 486	2. 381
江苏	0. 487	0. 615	0. 703	0. 783	0. 819	0. 806	0. 810	0. 968	0. 869	0. 886
浙江	1. 255	1. 060	1. 029	1. 136	0. 982	0. 851	0. 803	0. 676	0. 627	0. 509
安徽	0. 344	0. 377	0. 310	0. 370	0. 500	0. 456	0. 490	0. 506	0. 610	0. 626
福建	1. 104	1. 312	1. 478	1. 615	1. 223	1. 190	1. 027	1. 143	1. 057	0. 969
江西	0. 874	0. 559	0. 541	0. 680	1. 129	1. 228	1. 623	1. 420	1. 677	1. 681
山东	1. 335	1. 116	0. 683	0. 572	0. 467	0. 519	0. 545	0. 504	0. 519	0. 555
河南	0. 643	0. 627	0. 690	0. 473	0. 565	0. 782	0. 674	0. 547	0. 600	0. 580
湖北	0. 524	0. 364	0. 352	0. 293	0. 406	0. 381	0. 479	0. 631	0. 772	0. 722
湖南	0. 279	0. 287	0. 169	0. 144	0. 151	0. 146	0. 143	0. 209	0. 254	0. 288
广东	2. 350	2. 467	2. 592	2. 989	2. 601	3. 139	2. 685	3. 067	2. 650	2. 570
广西	0. 695	0. 730	0. 873	0. 998	0. 867	1. 282	1. 329	1. 314	1. 407	2. 102
海南	1. 536	1. 476	2. 736	3. 437	3. 448	5. 377	7. 964	5. 292	10. 103	10. 386
重庆	0. 803	0. 946	0. 820	0. 656	0. 740	0. 423	0. 512	0. 543	0. 396	0. 495
四川	0. 179	0. 149	0. 165	0. 232	0. 297	0. 536	0. 614	0. 694	0. 833	1. 085
贵州	0. 556	0. 486	0. 730	0. 992	1. 196	0. 893	0. 860	1. 343	1. 158	1. 246
云南	0. 761	0. 626	0. 641	0. 792	0. 959	0. 726	0. 950	1. 003	0. 992	1. 195
西藏	4. 256	3. 703	5. 090	5. 561	2. 692	2. 163	1. 988	2. 531	1. 849	1. 964
陕西	0. 479	0. 351	0. 477	0. 400	0. 427	0. 497	0. 294	0. 242	0. 249	0. 220
甘肃	0. 691	0. 779	0. 475	0. 427	0. 361	0. 664	0. 496	0. 388	0. 582	0. 650
青海	0. 338	0. 241	0. 236	0. 246	0. 184	0. 360	0. 141	0. 167	0. 352	0. 554
宁夏	0. 740	0. 420	0. 422	0. 441	0. 651	0. 581	0. 579	0. 702	0. 935	1. 233
新疆	0. 499	0. 633	0. 713	0. 621	0. 703	0. 724	0. 829	0. 785	1. 122	1. 146

表 3-9　各地区每单位金融业 GDP 创造的企业所得税的税收贡献水平

地区	2002 年	2003 年	2004 年	2005 年	2006 年	2007 年	2008 年	2009 年	2010 年	2011 年
北京	5.424	6.368	5.141	5.629	6.048	5.374	5.787	7.764	6.909	6.200
天津	0.489	0.481	0.603	0.249	0.179	0.458	0.254	0.198	0.301	0.357
河北	0.165	0.153	0.230	0.072	0.037	0.184	0.146	0.179	0.288	0.338
山西	0.251	0.407	0.796	0.182	0.193	0.437	0.239	0.121	0.233	0.283
内蒙古	0.283	0.312	0.365	0.097	0.182	0.217	0.271	0.184	0.370	0.419
辽宁	0.717	0.663	0.982	0.383	0.291	0.534	0.471	0.273	0.425	0.540
吉林	0.991	0.833	1.337	0.119	0.131	0.565	0.381	0.298	0.502	0.595
黑龙江	0.675	0.528	0.631	0.501	0.193	0.233	0.255	0.299	0.290	0.476
上海	0.967	0.660	0.853	0.450	0.722	1.059	1.197	0.787	0.984	1.180
江苏	0.317	0.213	0.306	0.256	0.212	0.328	0.288	0.272	0.286	0.343
浙江	0.734	0.572	0.860	0.316	0.283	0.353	0.311	0.235	0.334	0.363
安徽	0.463	0.240	0.434	0.051	0.135	0.379	0.466	0.262	0.445	0.531
福建	0.388	0.349	0.459	0.421	0.195	0.240	0.538	0.500	0.493	0.627
江西	0.136	0.164	0.229	0.174	0.208	0.395	0.505	0.235	0.359	0.392
山东	0.260	0.243	0.328	0.221	0.224	0.257	0.285	0.298	0.356	0.363
河南	0.308	0.362	0.527	0.195	0.173	0.332	0.224	0.185	0.276	0.351
湖北	0.286	0.173	0.241	0.235	0.144	0.116	0.282	0.157	0.221	0.303
湖南	0.201	0.137	0.166	0.068	0.065	0.136	0.154	0.165	0.234	0.258
广东	1.339	0.973	1.114	0.864	0.651	0.730	0.571	0.532	0.712	0.812
广西	0.389	0.229	0.362	0.065	0.039	0.179	0.132	0.095	0.231	0.327
海南	0.074	0.056	0.039	0.048	0.093	0.503	0.581	0.108	0.155	0.171
重庆	0.553	0.289	0.448	0.133	0.227	0.351	0.271	0.252	0.364	0.335
四川	0.150	0.162	0.182	0.080	0.093	0.277	0.204	0.246	0.322	0.381
贵州	0.411	0.369	0.298	0.135	0.177	0.189	0.212	0.177	0.353	0.435
云南	0.295	0.394	0.520	0.137	0.127	0.378	0.193	0.118	0.248	0.417
西藏	0.808	0.695	0.092	0.097	0.183	0.074	0.258	0.028	0.054	0.075
陕西	1.462	1.542	1.993	0.276	0.270	0.526	0.233	0.196	0.299	0.414

续表

地区	2002 年	2003 年	2004 年	2005 年	2006 年	2007 年	2008 年	2009 年	2010 年	2011 年
甘肃	0. 114	0. 119	0. 150	0. 004	0. 096	0. 131	0. 135	0. 152	0. 293	0. 348
青海	0. 046	0. 179	0. 112	0. 033	0. 023	0. 030	0. 081	0. 491	0. 201	0. 197
宁夏	0. 489	0. 360	0. 535	0. 091	0. 130	0. 281	0. 212	0. 172	0. 389	0. 523
新疆	0. 310	0. 305	0. 513	0. 044	0. 027	0. 098	0. 358	0. 137	0. 402	0. 433

表 3 – 10 各地区每单位房地产业 GDP 创造的企业所得税的税收贡献水平

地区	2002 年	2003 年	2004 年	2005 年	2006 年	2007 年	2008 年	2009 年	2010 年	2011 年
北京	2. 940	2. 805	1. 687	1. 242	1. 594	2. 336	2. 759	1. 835	1. 852	1. 684
天津	1. 153	1. 234	0. 924	1. 799	1. 960	2. 136	1. 673	1. 549	1. 407	1. 472
河北	0. 212	0. 241	0. 494	0. 485	0. 561	0. 665	0. 480	0. 579	0. 707	0. 564
山西	0. 076	0. 058	0. 065	0. 054	0. 100	0. 172	0. 205	0. 409	0. 569	0. 801
内蒙古	1. 551	0. 419	0. 716	0. 210	0. 266	0. 415	0. 412	0. 449	0. 534	0. 447
辽宁	1. 547	1. 208	1. 081	1. 324	1. 320	1. 426	1. 230	1. 156	1. 271	1. 046
吉林	0. 852	0. 775	0. 440	0. 286	0. 413	0. 610	0. 560	0. 749	0. 963	0. 943
黑龙江	0. 260	0. 362	0. 183	0. 223	0. 331	0. 371	0. 390	0. 665	0. 716	0. 669
上海	2. 923	2. 728	2. 487	3. 599	3. 172	2. 390	3. 083	2. 255	2. 678	2. 119
江苏	0. 599	0. 722	1. 147	1. 498	1. 225	1. 157	1. 124	0. 812	0. 744	0. 723
浙江	3. 200	3. 326	3. 775	1. 779	1. 601	1. 500	1. 063	1. 064	1. 033	0. 964
安徽	0. 370	0. 364	0. 357	0. 546	0. 659	0. 756	0. 795	0. 823	1. 080	0. 957
福建	0. 587	0. 656	0. 758	0. 604	0. 853	0. 853	0. 876	1. 061	1. 056	0. 910
江西	0. 127	0. 261	0. 312	0. 558	1. 062	1. 163	1. 027	1. 005	0. 965	1. 004
山东	0. 337	0. 399	0. 383	0. 487	0. 506	0. 570	0. 424	0. 379	0. 479	0. 436
河南	0. 052	0. 136	0. 282	0. 440	0. 547	0. 660	0. 511	0. 689	0. 685	0. 583
湖北	0. 214	0. 225	0. 311	0. 610	0. 753	0. 787	0. 745	0. 828	0. 892	0. 842
湖南	0. 021	0. 034	0. 079	0. 069	0. 160	0. 234	0. 289	0. 355	0. 388	0. 611
广东	1. 142	0. 999	0. 738	0. 558	0. 633	0. 579	0. 833	1. 081	0. 900	0. 771
广西	0. 318	0. 444	0. 439	0. 371	0. 518	0. 417	0. 430	0. 535	0. 707	0. 799

续表

地区	2002 年	2003 年	2004 年	2005 年	2006 年	2007 年	2008 年	2009 年	2010 年	2011 年
海南	0.411	0.605	0.507	0.311	0.640	0.866	1.359	1.233	1.150	1.610
重庆	1.458	1.129	0.917	1.108	0.603	0.648	0.752	0.974	1.422	1.831
四川	0.166	0.181	0.214	0.273	0.894	1.118	0.984	0.926	1.262	1.306
贵州	0.754	0.757	0.781	0.566	0.635	0.553	0.502	1.079	1.262	1.125
云南	0.257	0.429	0.307	0.285	0.353	0.427	0.380	0.753	1.048	1.147
西藏	0.060	0.159	0.148	0.048	0.070	0.188	0.079	0.343	0.245	0.271
陕西	0.333	0.207	0.131	0.238	0.278	0.346	0.405	0.433	0.468	0.520
甘肃	0.080	0.083	0.045	0.043	0.064	0.155	0.167	0.216	0.371	0.289
青海	0.291	0.301	0.135	0.057	0.196	0.156	0.132	0.154	0.233	0.290
宁夏	1.883	1.792	1.094	0.506	0.528	0.425	0.415	0.483	0.720	0.614
新疆	0.363	0.570	0.479	0.358	0.260	0.331	0.512	0.733	0.847	0.808

3.7.3 佐证的结论

通过将 GDP 进行产业视角的中观分解和行业视角的微观分解，统计依旧可见，无论是产业视角的第二产业、第三产业，还是行业视角的工业、建筑业、房地产业和金融业，每单位 GDP 的企业所得税的税收贡献水平同样支持依据宏观 GDP 得出的结论，即总部经济越发达、产业集聚水平越高、政治议价能力越强的地区，从每单位 GDP 中实际获得的企业所得税就越多。此种现象的存在不符合税收在地区间分配的公平性要求，也不利于地区经济的协调发展。因此也进一步验证了研究企业所得税地区间分配无论是从宏观、中观还是微观上都具有重要意义。

4

不同因素法下企业所得税地区间分配公平性和稳定性的比较分析

——基于生产地原则和消费地原则

4.1 引　　言

自 2008 年我国进行了以“汇总纳税”为特征的企业所得税制改革和企业所得税地区间分配制度改革以来，跨区经营企业所得税分配中的税收与税源背离现象就一直为学界所关注。如何改变这一现象？本书首先考察我国企业所得税地区间分配制度偏向总部经济和生产地的特征，然后考察其他国家或地区跨区经营企业所得税的分配经验，在此基础上构建了八种地区间企业所得税分配公式，以我国现行地区间企业所得税分配格局为基准，利用 2008—2011 年省际面板数据，从稳定性和公平性两方面分析了这些分配公式对我国地区间企业所得税分配格局的影响，以期对我国未来构建更加公平、合理的跨区经营企业所得税分配制度有所启示①。

4.2 偏向总部所在地和生产地的企业所得税地区间分配制度

4.2.1 我国地区间企业所得税分配规则

我国企业所得税为中央与地方共享税。按照现行企业所得税制，若

① 本章内容取自本书的阶段性研究成果，《不同因素法下企业所得税地区间分配的公平性和稳定性的比较分析》，见《湖南社会科学》，2016（4）。

居民企业在我国境内设立非法人资格的营业机构，应由总机构汇总计算缴纳企业所得税。按照现行分配规则[①]，总分机构统一计算的当期应纳税额的地方分享部分，25%由总机构所在地分享，50%在各分支机构所在地之间按因素法公式进行分配，25%按一定比例在各地间进行分配[②]。

其中，地方分享部分某分支机构应分摊的比重为：

（该分支机构营业收入/各分支机构营业收入之和）×0.35+（该分支机构职工薪酬/各分支机构职工薪酬之和）×0.35+（该分支机构资产总额/各分支机构资产总额之和）×0.30

总体而言，我国跨省经营企业所得税地区间分配规则具有如下特征：税收分配与财政分配相结合；对总机构和分支机构所在地区别对待；营业收入以生产地原则来衡量。2008年以来，我国地区间企业所得税分配格局最突出的问题就是偏向总部所在地、偏向生产地。下面我们用灰色关联度分析方法来勾勒出我国地区间企业所得税分配格局与总部经济等因素的关联关系。

4.2.2 数据描述

根据2008—2011年各地区第二、第三产业所生产的GDP占全国所生产的GDP的平均比重，可以得出四年来不同地区的生产在全国总生产中所做贡献的大小；根据2008—2011年各地区消费支出占全国消费支出的平均比重，可以得出四年来不同地区的消费在全国总消费支出中

---

① 新企业所得税制实施后，财预〔2008〕10号文件对跨省经营企业的所得税建立了统一的地区间分配规则。随后财预〔2012〕40号文件取代了财预〔2008〕10号文件，两个文件核心内容相同。

② 具体而言，由财政部按照2004—2006年各省市实际分享企业所得税占地方分享总额的比例定期向各省市分配。各省分配系数参见财预〔2008〕25号文件。

所做贡献的大小；同时借鉴《中国总部经济发展报告》① 中有关全国35个主要城市总部经济发展能力评价报告，本书在确定不同地区的总部经济排名时，以该地区所有城市中的最高排名作为该地区的排名。表4-1是2008—2011年各地区生产贡献、消费能力、总部经济及实际获得的企业所得税情况。

表4-1　各地生产贡献、消费能力、总部经济及实际获得的企业所得税情况

地区	生产贡献及排名	消费能力及排名	总部经济得分及排名	目前分配情况排名
北京	3.53%，第10	2.77%，第15	85.60，第1	第3
天津	2.25%，第17	1.35%，第25	56.70，第7	第12
河北	4.61%，第6	4.31%，第8	39.13，第16	第9
山西	2.19%，第19	2.09%，第21	38.30，第18	第13
内蒙古	2.61%，第15	2.05%，第22	35.43，第25	第16
辽宁	4.21%，第8	3.87%，第11	46.62，第11	第7
吉林	1.92%，第22	2.04%，第23	37.88，第19	第23
黑龙江	2.32%，第16	2.76%，第16	38.84，第17	第22
上海	4.37%，第7	3.45%，第12	83.73，第2	第2
江苏	9.72%，第2	7.78%，第2	59.93，第4	第4
浙江	6.67%，第4	5.59%，第4	59.54，第5	第5
安徽	2.66%，第14	4.02%，第9	36.64，第23	第15
福建	3.34%，第13	3.34%，第13	46.35，第12	第8
江西	2.02%，第20	2.71%，第17	37.03，第21	第21
山东	9.14%，第3	7.47%，第3	59.52，第6	第6
河南	5.09%，第5	5.53%，第5	41.12，第15	第10
湖北	3.43%，第11	4.00%，第10	50.37，第9	第14
湖南	3.38%，第12	4.49%，第7	42.96，第14	第20
广东	11.13%，第1	9.58%，第1	76.22，第3	第1
广西	1.97%，第21	2.82%，第14	31.60，第27	第24
海南	0.37%，第29	0.56%，第28	37.02，第22	第27
重庆	1.77%，第23	2.24%，第20	47.74，第10	第19
四川	3.64%，第9	5.28%，第6	53.71，第8	第11

① 根据资料的可得性，此处引用了《中国总部经济发展报告2008—2009》中有关全国各主要城市的排名。

续表

地区	生产贡献及排名	消费能力及排名	总部经济得分及排名	目前分配情况排名
贵州	1.01%，第26	1.66%，第24	30.32，第28	第25
云南	1.57%，第24	2.39%，第19	37.32，第20	第18
西藏	0.11%，第31	0.12%，第31	—	第31
陕西	2.25%，第18	2.49%，第18	43.66，第13	第17
甘肃	0.90%，第27	1.26%，第26	31.78，第26	第28
青海	0.30%，第30	0.31%，第30	24.89，第30	第30
宁夏	0.37%，第28	0.42%，第29	28.48，第29	第29
新疆	1.13%，第25	1.26%，第27	36.53，第24	第26

4.2.3 灰色关联度分析结果

运用灰色系统理论建模软件3.0对2008—2011年各地税收收入分配情况与生产贡献、消费能力与总部经济分别作邓氏灰色关联度分析[①]。关联度计算的结果如下，经过无量纲化处理，计算二级最小差和二级最大差，得到整个曲线 c_i（其中 c_1 代表生产贡献、c_2 代表消费能力、c_3 代表总部经济）与参考数列 C_0（代表目前税收分配情况）的关联度分别为 r_1、r_2、r_3，计算结果为 $r_1=0.6980$、$r_2=0.6218$、$r_3=0.8069$。分析结果表明，目前的税收收入分配情况与总部经济之间的关联程度最大、其次为生产贡献、最后为消费能力。换言之，总部经济比生产贡献和消费能力对税收收入分配所起的作用更加显著。

总部经济和生产地主要集中在发达地区和东部地区。除了本书的分析，其他实证文献也表明总部经济发达的地区和东部生产地集中地区在企业所得税地区间分配格局中占有优势。刘金山和王倩（2009）分析发现，2000—2006年，企业所得税主要是从中西部地区流向东部地区。

① 灰色关联度的基本思想是根据曲线之间形状的相似程度来判断其关联紧密程度，曲线形状越相似，相应序列之间的关联度就越大，反之则越小。

李建军（2013）通过测算发现，企业所得税背离具有明显的集中特征，除北京、上海等个别省份外，其他地区均为企业所得税净流出地。陈鑫和刘生旺（2013）的研究也发现，总部经济越发达的地区越能从企业所得税地区间分配格局受益。偏向总部和生产地的企业所得税地区间分配制度除了扩大地区间税收差距、造成地区间税收转移，还带来其他负面影响。靳万军（2012）提到一个有关内蒙古的例子，由于企业法人会为当地带来更多的企业所得税利益，而分支机构不能带来更多企业所得税，有时会导致企业所得税流出和转移，国务院甚至印发文件[①]，鼓励中央企业在内蒙古的分支机构变更为独立法人，实行税收属地化管理。

4.3 其他可能的分配办法

显然我国现行的企业所得税地区间分配制度不尽理想，它未能很好地平衡地区间的税收利益，一方面未能很好地平衡总机构和分支机构所在地的税收利益，另一方面未能很好地平衡生产地和消费地的税收利益；此外，还受制于既有的税收利益分配格局。那么，是否有其他的制度安排能改变现状、增进地区间分配的公平性呢？

4.3.1 跨区经营企业所得税分配的国际经验

采用公式对跨区经营企业所得税进行分配的国家主要有美国、加拿大和瑞士，此外欧盟亦有计划对区内跨国经营企业的公司所得税使用公式在成员国间进行分配。与我国不同，美国和加拿大的分配制度不对总

① 《关于进一步促进内蒙古经济社会又好又快发展的若干意见》（2011）。

机构和分支机构区别对待，而是采用统一的公式对税基（即应税所得额）在总机构和分支机构间进行分配。美国各州通常采用资产（property）、工薪（payroll）、销售额（sales）三因素且各因素权重为1/3的分配公式对税基进行州际分配；加拿大采用工薪（salaries and wages）和营业收入（gross revenue）两因素且各因素权重为1/2的分配公式对税基省际分配；欧盟计划采用资产（assets）、工薪（payroll）、雇员人数、销售额（sales）因素对税基在成员国之间分配，权重各为1/3、1/6、1/6、1/3。选取的因素、因素的数目、因素的定义、因素的权重差异均会形成不同的地区间分配格局。

美国、加拿大的分配公式具有如下特点：第一，公式分配的演化性。例如加拿大1946年之前采用营业收入单因素对跨省税基进行分配，后于1946年加入了工薪因素以平衡总机构和生产机构所在地的税收利益（Smith，1976），加拿大的公式分配注重公平和一致。第二，突出政治上的平衡（balance）考虑。例如，销售额（或营业收入）因素一般采用目的地而非生产地原则。Mclure（2000）提出，美国最初引入目的地原则的销售额就是为了分给缺乏工业的州一些企业所得税（通过这些州的消费）。各个因素的比重也属于政治上的考量，一般来讲，各国采用各因素权重相等的规则。第三，随着分配公式的逐渐使用，公式分配的含义有了规范的阐述。以美国的三因素分配公式为例，其背后的含义是：采用需求和供给共同来反映企业价值的创造，需求采用消费来衡量，使用目的地原则的销售额来代表消费，供给采用劳动和资本来衡量，使用工薪和资产来代表劳动和资本。欧盟在构建跨国经营公司所得税分享制度时，借鉴了美国和加拿大等国的做法，注重公式分配的稳定性和公平性。明确提出“要同时考虑到供给和需求两方面在公司所得创造中的作用”①，利润创造的供给方面是指劳动和资本两个生产要素；

---

① *CCCTB：Possible Elements of the Sharing Mechanism*（2007），参见欧盟委员会网站。

利润创造的需求方面是目的地原则销售额（sales）。其中劳动以工薪和雇员人数来衡量，二者权重相等；资本用资产来衡量。

具体而言，美国、加拿大的分配公式以及欧盟计划采用的分配公式如下：

4.3.1.1　美国

某公司总税基中应归于某州的份额为：

$$\left(\frac{\text{公司在该州的资产价值}}{\text{公司所有的资产价值}}+\frac{\text{公司支付给该州员工的工薪}}{\text{公司支付的工薪总额}}+\frac{\text{公司在该州的销售额}}{\text{公司总销售额}}\right)\times 1/3$$

4.3.1.2　加拿大

某公司总税基中应归于某省的份额为：

$$\left(\frac{\text{公司在该省的营业收入}}{\text{该公司总的营业收入}}+\frac{\text{公司支付给该省雇员的工薪}}{\text{该公司支付给雇员的工薪总额}}\right)\times 1/2$$

4.3.1.3　欧盟

某跨国公司集团总税基中应归于某国的份额为：

$$\frac{1}{3}\times\frac{\text{集团在该国的资产价值}}{\text{集团在欧盟总的资产价值}}+\left(\frac{1}{6}\times\frac{\text{集团付给该国雇员的工薪}}{\text{集团支付给欧盟雇员的总工薪}}+\frac{1}{6}\times\frac{\text{集团在该国的雇员人数}}{\text{集团在欧盟总的雇员人数}}\right)+\frac{1}{3}\times\frac{\text{集团在该国的销售额}}{\text{集团在欧盟总的销售额}}$$

4.3.2 国外跨区经营公司所得税分配制度的税收效应

国外有关跨区经营公司所得税分配制度的实证文献极少。自 2004 年欧盟委员会提出建立 CCCTB 制度（common consolidated corporate tax base）以来，即对欧盟区内跨国经营公司的所得采用集团合并纳税法并采用公式对跨国税基在相关成员国间进行统一分配，有极少数的学者对该制度可能产生的税收效应进行了研究。

Fuest、Hemmelgarn 和 Ramb（2007）使用 1996—2001 年德国总公司及国外子公司数据，考察了欧盟的合并纳税和公式分配计划对欧盟总税收及成员国税收分配的影响。文中进入分配公式的因素是销售额、资产（指公司所有有形和无形资产价值总和）、雇员人数，各要素权重均为 1/3。文章结论是，如果实行合并纳税并对税基在公司成员所在国间进行分配，同现行的独立核算体系相比，整个欧盟的公司所得税收入将下降约 20%，大国税收下降的幅度要小于小国和低税率国家税收下降的幅度，其中新西兰、瑞典、爱尔兰和比利时税收下降的幅度最大，因为这些国家有特殊的税收制度，且以资产、销售额和雇员人数衡量的真实经济活动的规模占整个欧盟经济活动规模的比重较小。

Devereux 和 Loretz（2008）使用 2001—2005 年欧盟成员国公司层面的数据，模拟了欧盟的合并纳税和公式分配计划对成员国公司所得税分配的影响。文中进入分配公式的因素是资产（用有形资产价值衡量）、收入（用生产地原则的营业额衡量）、工薪（用雇员人数或者雇员成本来衡量）。研究发现，如果对欧盟的公司集团合并纳税，并对税基在相关的公司集团成员所在国之间按公式进行分配，其对总税收和成员国税收分配格局的影响随条件不同而有所不同。文中一些比较重要的结论是：如果对欧盟的公司集团强制实行新税制，则总税收收入将上升 2%，总部经济发达的国家（如丹麦、芬兰、新西兰）将会损失大量税收，而大国和高税率国家的税收将会增加。文章还考察了税收分配对公式要素和要素数目变化的敏感性，发现，雇员人数和雇员工资相比，前者对税收的再分配效应冲击较大；虽然税收分配总体有利于产地国家，但采用多因素的分配公式可以在一定程度上降低产地原则的销售额因素对分配格局的负面影响。

两篇文献有共同的结论，即按公式对跨区经营公司所得进行分配总体上不利于总部经济发达的国家，因为这些国家的真实经济活动规模较小，这与我国偏向总部所在地的跨区经营企业所得税分配结果不同。此外，由于数据获得难度极大，两篇文献均采用产地原则衡量销售额，但Devereux和Loretz（2008）提出即使采用产地原则来衡量销售额，通过增加因素数目也可以降低其对分配格局的负面影响。总之，实证文献表明，制度安排的差异的确会导致不同的地区间税收分配结果。

4.3.3 可能的分配公式

本书借鉴国外的跨区经营企业所得税分配经验，构建几种不同的分配公式并分析这些分配公式可能产生的地区间企业所得税分配效应。公平的地区间企业所得税分配制度首先是一视同仁的，因此我们摒弃现行制度对总分机构差别对待的做法，对总机构和分支机构使用共同的分配公式，同时放弃维护既得利益的财政分配方法。由于我们无法获得所有总分公司的微观数据，故采用宏观和中观数据来分析不同分配公式的地区间税收分配效应。本书除另有说明外，文中数据均由历年《中国税务年鉴》和《中国统计年鉴》的数据计算整理得出。其中特别指出某地区的消费地营业收入，由以下公式计算得出：

某地区的消费地营业收入 = ［（某地区城镇人均消费支出 × 该地区城镇人口总数 + 某地区农村人均消费支出 × 该地区农村人口总数）/全国消费支出总额］ × 全国营业收入

总体而言，有以下分配公式：

（1）现行分配比例；

（2）生产地原则二因素法，二因素为工资和生产地原则营业收入：

$$最终结果 = \frac{1}{2} \times \frac{工资收入}{全国工资收入} + \frac{1}{2} \times \frac{生产地营业收入}{全国营业收入}$$

（3）消费地原则二因素法，二因素为工资和消费地原则营业收入：

$$最终结果 = \frac{1}{2} \times \frac{工资收入}{全国工资收入} + \frac{1}{2} \times \frac{消费地营业收入}{全国营业收入}$$

（4）生产地原则三因素法Ⅰ，三因素为资产、生产地原则营业收入和职工工资：

$$最终结果 = \frac{1}{3} \times \frac{工资收入}{全国工资收入} + \frac{1}{3} \times \frac{资产总额}{全国资产总额} + \frac{1}{3} \times \frac{生产地营业收入}{全国营业收入}$$

（5）消费地原则三因素法Ⅰ，三因素为资产、消费地原则营业收入和职工工资：

$$最终结果 = \frac{1}{3} \times \frac{工资收入}{全国工资收入} + \frac{1}{3} \times \frac{资产总额}{全国资产总额} + \frac{1}{3} \times \frac{消费地营业收入}{全国营业收入}$$

（6）生产地原则三因素法Ⅱ，三因素为资产、生产地原则营业收入和职工人数：

$$最终结果 = \frac{1}{3} \times \frac{职工人数}{全国职工人数} + \frac{1}{3} \times \frac{资产总额}{全国资产总额} + \frac{1}{3} \times \frac{生产地营业收入}{全国营业收入}$$

（7）消费地原则三因素法Ⅱ，三因素为资产、消费地原则营业收入和职工人数：

$$最终结果 = \frac{1}{3} \times \frac{职工人数}{全国职工人数} + \frac{1}{3} \times \frac{资产总额}{全国资产总额} + \frac{1}{3} \times \frac{消费地营业收入}{全国营业收入}$$

（8）生产地原则四因素法，四因素为资产、生产地原则营业收入、职工工资和职工人数：

$$最终结果 = \frac{1}{6} \times \frac{职工人数}{全国职工人数} + \frac{1}{6} \times \frac{工资收入}{全国工资收入} + \frac{1}{3} \times \frac{资产总额}{全国资产总额} + \frac{1}{3} \times \frac{生产地营业收入}{全国营业收入}$$

（9）消费地原则四因素法，四因素为资产、消费地原则营业收入、职工工资和职工人数：

$$最终结果 = \frac{1}{6} \times \frac{职工人数}{全国职工人数} + \frac{1}{6} \times \frac{工资收入}{全国工资收入} + \frac{1}{3} \times \frac{资产总额}{全国资产总额} + \frac{1}{3} \times \frac{消费地营业收入}{全国营业收入}$$

（2）—（9）是新构建的分配公式，对于（2）—（9），第 i 省（市）某年应分得的企业所得税为当年应由地方分享的企业所得税总额乘以该省相应方法的分配比例。2002—2011 年，不同分配公式下企业所得税在地区间分配的结果见表 4－2 到表 4－10。

表 4－2　　现行分配规则下企业所得税的地区间分配比例

地区	2002 年	2003 年	2004 年	2005 年	2006 年	2007 年	2008 年	2009 年	2010 年	2011 年
北京	0.055	0.092	0.090	0.089	0.094	0.098	0.099	0.124	0.110	0.102
天津	0.024	0.023	0.023	0.023	0.024	0.025	0.024	0.026	0.024	0.025
河北	0.033	0.030	0.027	0.028	0.031	0.030	0.029	0.028	0.030	0.029
山西	0.014	0.011	0.014	0.016	0.021	0.024	0.027	0.022	0.026	0.023
内蒙古	0.009	0.008	0.007	0.006	0.011	0.013	0.013	0.015	0.019	0.020
辽宁	0.039	0.037	0.034	0.036	0.041	0.034	0.034	0.036	0.032	0.034
吉林	0.013	0.013	0.011	0.009	0.008	0.008	0.009	0.011	0.013	0.012
黑龙江	0.013	0.012	0.010	0.009	0.011	0.011	0.010	0.012	0.013	0.012
上海	0.092	0.125	0.140	0.149	0.143	0.124	0.136	0.137	0.123	0.120
江苏	0.086	0.085	0.089	0.101	0.102	0.101	0.101	0.100	0.104	0.110
浙江	0.107	0.097	0.102	0.108	0.096	0.094	0.088	0.076	0.075	0.074
安徽	0.023	0.019	0.018	0.019	0.017	0.019	0.018	0.019	0.020	0.021
福建	0.034	0.033	0.035	0.035	0.031	0.033	0.030	0.029	0.031	0.031
江西	0.014	0.009	0.009	0.010	0.010	0.011	0.012	0.012	0.012	0.013
山东	0.091	0.070	0.064	0.063	0.063	0.068	0.063	0.057	0.056	0.058
河南	0.037	0.029	0.028	0.028	0.030	0.032	0.033	0.029	0.029	0.027
湖北	0.022	0.022	0.020	0.021	0.022	0.022	0.021	0.022	0.022	0.021
湖南	0.014	0.014	0.013	0.013	0.013	0.014	0.014	0.012	0.013	0.012
广东	0.164	0.163	0.163	0.142	0.135	0.136	0.137	0.134	0.134	0.134
广西	0.023	0.013	0.013	0.011	0.011	0.011	0.010	0.009	0.009	0.012
海南	0.003	0.003	0.002	0.002	0.003	0.003	0.003	0.004	0.005	0.006

续表

地区	2002 年	2003 年	2004 年	2005 年	2006 年	2007 年	2008 年	2009 年	2010 年	2011 年
重庆	0.007	0.008	0.008	0.008	0.008	0.008	0.008	0.009	0.011	0.015
四川	0.028	0.026	0.024	0.023	0.023	0.025	0.026	0.023	0.028	0.028
贵州	0.008	0.008	0.008	0.009	0.009	0.010	0.010	0.009	0.011	0.010
云南	0.016	0.023	0.021	0.020	0.019	0.019	0.018	0.016	0.017	0.016
西藏	0.001	0.001	0.001	0.001	0.001	0.000	0.000	0.000	0.001	0.001
陕西	0.013	0.012	0.012	0.011	0.012	0.016	0.015	0.015	0.016	0.017
甘肃	0.006	0.006	0.005	0.005	0.005	0.005	0.006	0.005	0.004	0.004
青海	0.002	0.001	0.001	0.001	0.001	0.002	0.002	0.002	0.002	0.002
宁夏	0.004	0.002	0.002	0.002	0.001	0.001	0.001	0.002	0.002	0.003
新疆	0.006	0.006	0.005	0.005	0.004	0.005	0.004	0.007	0.007	0.008

表 4-3　　生产地原则二因素法下企业所得税的地区间分配比例

地区	2002 年	2003 年	2004 年	2005 年	2006 年	2007 年	2008 年	2009 年	2010 年	2011 年
北京	0.053	0.055	0.054	0.056	0.056	0.055	0.055	0.055	0.054	0.054
天津	0.030	0.029	0.029	0.030	0.029	0.029	0.028	0.028	0.028	0.028
河北	0.039	0.038	0.037	0.037	0.037	0.035	0.035	0.036	0.036	0.036
山西	0.021	0.022	0.023	0.025	0.027	0.026	0.026	0.027	0.026	0.027
内蒙古	0.012	0.012	0.012	0.013	0.014	0.014	0.015	0.015	0.016	0.016
辽宁	0.051	0.049	0.047	0.047	0.045	0.044	0.043	0.045	0.045	0.044
吉林	0.021	0.021	0.019	0.018	0.017	0.015	0.015	0.016	0.016	0.016
黑龙江	0.033	0.031	0.029	0.027	0.026	0.026	0.024	0.022	0.021	0.019
上海	0.071	0.072	0.071	0.068	0.066	0.065	0.064	0.066	0.059	0.058
江苏	0.088	0.088	0.090	0.090	0.089	0.094	0.095	0.097	0.095	0.096
浙江	0.066	0.068	0.073	0.075	0.082	0.083	0.083	0.083	0.081	0.082
安徽	0.023	0.023	0.022	0.023	0.022	0.022	0.023	0.024	0.025	0.027
福建	0.033	0.034	0.036	0.037	0.037	0.037	0.037	0.036	0.036	0.038

续表

地区	2002年	2003年	2004年	2005年	2006年	2007年	2008年	2009年	2010年	2011年
江西	0.014	0.013	0.014	0.013	0.013	0.014	0.014	0.014	0.015	0.016
山东	0.079	0.081	0.082	0.085	0.089	0.092	0.093	0.091	0.094	0.090
河南	0.042	0.042	0.043	0.043	0.044	0.045	0.047	0.047	0.049	0.047
湖北	0.034	0.033	0.033	0.032	0.029	0.030	0.028	0.029	0.031	0.034
湖南	0.024	0.023	0.023	0.022	0.023	0.022	0.024	0.024	0.026	0.027
广东	0.118	0.119	0.121	0.119	0.119	0.117	0.115	0.107	0.105	0.105
广西	0.014	0.014	0.014	0.014	0.014	0.013	0.013	0.013	0.014	0.014
海南	0.003	0.003	0.003	0.003	0.003	0.003	0.003	0.003	0.003	0.003
重庆	0.015	0.016	0.016	0.016	0.016	0.015	0.015	0.016	0.017	0.018
四川	0.033	0.034	0.033	0.032	0.031	0.031	0.032	0.033	0.035	0.034
贵州	0.011	0.010	0.010	0.010	0.010	0.010	0.010	0.010	0.010	0.009
云南	0.019	0.017	0.016	0.015	0.015	0.014	0.015	0.015	0.015	0.015
西藏	0.000	0.000	0.000	0.001	0.000	0.000	0.000	0.000	0.000	0.000
陕西	0.019	0.019	0.019	0.019	0.019	0.019	0.019	0.019	0.020	0.020
甘肃	0.012	0.012	0.012	0.011	0.011	0.010	0.010	0.010	0.009	0.009
青海	0.003	0.003	0.002	0.002	0.002	0.002	0.002	0.002	0.002	0.002
宁夏	0.004	0.004	0.004	0.004	0.004	0.004	0.004	0.004	0.004	0.004
新疆	0.015	0.014	0.013	0.012	0.012	0.012	0.012	0.012	0.012	0.012

表4-4　消费地原则二因素法下企业所得税的地区间分配比例

地区	2002年	2003年	2004年	2005年	2006年	2007年	2008年	2009年	2010年	2011年
北京	0.044	0.047	0.047	0.047	0.044	0.044	0.043	0.044	0.043	0.040
天津	0.020	0.019	0.019	0.019	0.018	0.019	0.019	0.018	0.020	0.019
河北	0.040	0.041	0.041	0.041	0.040	0.040	0.039	0.039	0.038	0.038
山西	0.023	0.024	0.025	0.026	0.028	0.027	0.028	0.028	0.027	0.027
内蒙古	0.016	0.016	0.016	0.017	0.018	0.017	0.017	0.017	0.018	0.018

续表

地区	2002 年	2003 年	2004 年	2005 年	2006 年	2007 年	2008 年	2009 年	2010 年	2011 年
辽宁	0.044	0.043	0.042	0.041	0.042	0.041	0.040	0.042	0.041	0.039
吉林	0.023	0.023	0.022	0.021	0.020	0.019	0.019	0.019	0.019	0.018
黑龙江	0.036	0.035	0.034	0.033	0.032	0.031	0.030	0.028	0.028	0.027
上海	0.045	0.045	0.044	0.041	0.038	0.040	0.042	0.042	0.046	0.041
江苏	0.070	0.070	0.070	0.069	0.071	0.075	0.075	0.074	0.073	0.075
浙江	0.049	0.048	0.052	0.056	0.061	0.064	0.064	0.067	0.066	0.071
安徽	0.032	0.032	0.032	0.032	0.032	0.033	0.034	0.035	0.034	0.034
福建	0.036	0.036	0.038	0.039	0.038	0.039	0.039	0.039	0.038	0.038
江西	0.022	0.021	0.022	0.021	0.021	0.021	0.021	0.021	0.022	0.022
山东	0.071	0.071	0.071	0.072	0.077	0.076	0.076	0.075	0.079	0.079
河南	0.050	0.051	0.052	0.051	0.052	0.053	0.054	0.055	0.053	0.054
湖北	0.040	0.040	0.040	0.037	0.036	0.037	0.035	0.035	0.035	0.039
湖南	0.040	0.039	0.038	0.038	0.038	0.038	0.038	0.038	0.037	0.036
广东	0.093	0.096	0.103	0.104	0.104	0.101	0.100	0.097	0.095	0.101
广西	0.036	0.035	0.024	0.025	0.025	0.023	0.022	0.023	0.022	0.021
海南	0.004	0.004	0.004	0.004	0.004	0.004	0.004	0.004	0.004	0.004
重庆	0.020	0.020	0.021	0.022	0.021	0.021	0.020	0.021	0.021	0.022
四川	0.044	0.044	0.044	0.044	0.045	0.044	0.044	0.045	0.047	0.046
贵州	0.016	0.016	0.016	0.016	0.016	0.016	0.016	0.015	0.015	0.015
云南	0.023	0.023	0.021	0.021	0.020	0.020	0.021	0.022	0.021	0.020
西藏	0.001	0.001	0.001	0.002	0.001	0.001	0.001	0.001	0.001	0.001
陕西	0.024	0.025	0.024	0.024	0.023	0.023	0.024	0.024	0.024	0.024
甘肃	0.014	0.014	0.014	0.014	0.014	0.013	0.012	0.012	0.012	0.012
青海	0.003	0.003	0.003	0.003	0.003	0.003	0.003	0.003	0.003	0.003
宁夏	0.005	0.004	0.005	0.005	0.005	0.005	0.005	0.005	0.005	0.005
新疆	0.015	0.015	0.014	0.014	0.013	0.013	0.013	0.013	0.013	0.014

表 4－5 生产地原则三因素法 I（资产、生产地原则营业收入和职工工资）下企业所得税的地区间分配比例

地区	2002 年	2003 年	2004 年	2005 年	2006 年	2007 年	2008 年	2009 年	2010 年	2011 年
北京	0.052	0.053	0.052	0.062	0.061	0.060	0.060	0.059	0.059	0.059
天津	0.030	0.029	0.028	0.029	0.028	0.028	0.027	0.027	0.028	0.028
河北	0.039	0.038	0.038	0.036	0.036	0.035	0.035	0.036	0.036	0.036
山西	0.022	0.023	0.024	0.026	0.027	0.027	0.027	0.028	0.027	0.028
内蒙古	0.012	0.012	0.012	0.013	0.015	0.015	0.016	0.017	0.018	0.018
辽宁	0.054	0.052	0.049	0.048	0.046	0.045	0.044	0.045	0.046	0.045
吉林	0.021	0.021	0.020	0.018	0.017	0.016	0.015	0.016	0.016	0.015
黑龙江	0.032	0.030	0.028	0.026	0.024	0.024	0.022	0.020	0.020	0.019
上海	0.073	0.072	0.071	0.070	0.067	0.066	0.064	0.066	0.059	0.057
江苏	0.087	0.088	0.091	0.090	0.092	0.096	0.097	0.099	0.098	0.099
浙江	0.065	0.068	0.074	0.077	0.082	0.084	0.084	0.083	0.081	0.082
安徽	0.023	0.023	0.022	0.022	0.022	0.022	0.023	0.024	0.025	0.026
福建	0.031	0.032	0.034	0.034	0.034	0.034	0.035	0.034	0.033	0.034
江西	0.014	0.013	0.013	0.013	0.013	0.013	0.014	0.014	0.015	0.015
山东	0.078	0.080	0.082	0.084	0.087	0.090	0.090	0.089	0.092	0.088
河南	0.041	0.041	0.041	0.040	0.041	0.042	0.043	0.044	0.045	0.044
湖北	0.035	0.034	0.035	0.033	0.031	0.031	0.030	0.031	0.033	0.034
湖南	0.023	0.023	0.023	0.021	0.021	0.021	0.022	0.023	0.024	0.025
广东	0.115	0.117	0.118	0.117	0.115	0.115	0.113	0.106	0.104	0.104
广西	0.015	0.014	0.013	0.013	0.013	0.013	0.013	0.013	0.013	0.014
海南	0.003	0.003	0.003	0.003	0.003	0.003	0.003	0.003	0.003	0.003
重庆	0.015	0.015	0.016	0.015	0.015	0.015	0.015	0.015	0.016	0.017
四川	0.034	0.034	0.034	0.032	0.032	0.031	0.032	0.034	0.035	0.035
贵州	0.011	0.011	0.011	0.010	0.010	0.010	0.010	0.010	0.010	0.009
云南	0.020	0.018	0.017	0.016	0.016	0.016	0.016	0.016	0.016	0.015

续表

地区	2002 年	2003 年	2004 年	2005 年	2006 年	2007 年	2008 年	2009 年	2010 年	2011 年
西藏	0.000	0.001	0.001	0.001	0.000	0.000	0.000	0.000	0.000	0.000
陕西	0.020	0.020	0.019	0.019	0.019	0.019	0.020	0.019	0.021	0.021
甘肃	0.013	0.012	0.012	0.011	0.011	0.010	0.010	0.010	0.010	0.009
青海	0.003	0.003	0.003	0.003	0.003	0.003	0.003	0.003	0.003	0.003
宁夏	0.004	0.004	0.004	0.004	0.004	0.004	0.004	0.004	0.004	0.004
新疆	0.015	0.014	0.014	0.013	0.012	0.012	0.012	0.013	0.012	0.012

表 4-6 生产地原则三因素法Ⅱ（资产、生产地原则营业收入和职工人数）下企业所得税的地区间分配比例

地区	2002 年	2003 年	2004 年	2005 年	2006 年	2007 年	2008 年	2009 年	2010 年	2011 年
北京	0.045	0.045	0.044	0.055	0.055	0.052	0.052	0.051	0.052	0.052
天津	0.027	0.026	0.026	0.026	0.026	0.026	0.025	0.025	0.025	0.025
河北	0.042	0.040	0.040	0.038	0.038	0.037	0.036	0.037	0.037	0.037
山西	0.026	0.026	0.027	0.027	0.027	0.027	0.027	0.027	0.026	0.027
内蒙古	0.014	0.014	0.013	0.014	0.015	0.015	0.016	0.017	0.017	0.017
辽宁	0.054	0.051	0.049	0.047	0.045	0.045	0.044	0.044	0.045	0.044
吉林	0.023	0.023	0.021	0.019	0.017	0.016	0.016	0.016	0.016	0.016
黑龙江	0.035	0.034	0.030	0.028	0.026	0.025	0.023	0.022	0.020	0.019
上海	0.062	0.061	0.061	0.063	0.062	0.058	0.056	0.057	0.051	0.050
江苏	0.086	0.087	0.089	0.088	0.090	0.094	0.096	0.097	0.098	0.099
浙江	0.061	0.064	0.070	0.075	0.080	0.082	0.084	0.083	0.083	0.084
安徽	0.026	0.026	0.024	0.023	0.022	0.023	0.023	0.024	0.025	0.026
福建	0.030	0.032	0.034	0.035	0.035	0.036	0.037	0.036	0.036	0.037
江西	0.016	0.015	0.015	0.015	0.015	0.015	0.016	0.016	0.016	0.017
山东	0.081	0.083	0.085	0.086	0.090	0.093	0.093	0.092	0.094	0.090
河南	0.048	0.047	0.046	0.045	0.044	0.045	0.046	0.046	0.047	0.046

续表

地区	2002年	2003年	2004年	2005年	2006年	2007年	2008年	2009年	2010年	2011年
湖北	0.038	0.037	0.038	0.036	0.035	0.034	0.032	0.033	0.035	0.036
湖南	0.025	0.024	0.024	0.023	0.023	0.023	0.024	0.025	0.026	0.027
广东	0.106	0.108	0.110	0.110	0.110	0.112	0.110	0.105	0.103	0.104
广西	0.016	0.015	0.014	0.014	0.014	0.014	0.014	0.014	0.014	0.015
海南	0.003	0.003	0.003	0.003	0.003	0.003	0.003	0.003	0.003	0.003
重庆	0.016	0.016	0.016	0.016	0.016	0.015	0.015	0.016	0.017	0.018
四川	0.035	0.036	0.037	0.034	0.034	0.033	0.035	0.036	0.037	0.037
贵州	0.012	0.012	0.012	0.011	0.011	0.011	0.010	0.010	0.010	0.010
云南	0.019	0.018	0.018	0.016	0.016	0.016	0.017	0.017	0.017	0.017
西藏	0.000	0.000	0.001	0.001	0.000	0.000	0.000	0.000	0.000	0.000
陕西	0.021	0.021	0.021	0.021	0.020	0.020	0.021	0.021	0.022	0.022
甘肃	0.013	0.013	0.013	0.012	0.011	0.011	0.011	0.010	0.010	0.010
青海	0.003	0.003	0.003	0.003	0.003	0.003	0.003	0.003	0.003	0.003
宁夏	0.004	0.004	0.004	0.004	0.004	0.004	0.004	0.004	0.004	0.004
新疆	0.014	0.013	0.013	0.012	0.012	0.011	0.012	0.012	0.011	0.011

表4-7 消费地原则三因素法Ⅰ（资产、消费地原则营业收入和职工工资）下企业所得税的地区间分配比例

地区	2002年	2003年	2004年	2005年	2006年	2007年	2008年	2009年	2010年	2011年
北京	0.046	0.048	0.047	0.056	0.053	0.053	0.052	0.052	0.052	0.049
天津	0.023	0.022	0.022	0.022	0.021	0.021	0.021	0.021	0.023	0.021
河北	0.040	0.040	0.040	0.039	0.039	0.038	0.038	0.038	0.038	0.038
山西	0.024	0.025	0.025	0.027	0.028	0.028	0.028	0.028	0.028	0.028
内蒙古	0.015	0.015	0.015	0.016	0.017	0.017	0.018	0.019	0.019	0.019
辽宁	0.049	0.048	0.046	0.044	0.044	0.043	0.042	0.043	0.043	0.041
吉林	0.023	0.022	0.021	0.020	0.019	0.018	0.018	0.018	0.017	0.017

续表

地区	2002 年	2003 年	2004 年	2005 年	2006 年	2007 年	2008 年	2009 年	2010 年	2011 年
黑龙江	0.034	0.033	0.031	0.029	0.028	0.027	0.026	0.025	0.024	0.024
上海	0.056	0.053	0.053	0.051	0.048	0.049	0.050	0.050	0.050	0.046
江苏	0.075	0.076	0.078	0.077	0.080	0.084	0.084	0.083	0.083	0.085
浙江	0.053	0.055	0.060	0.064	0.068	0.071	0.071	0.073	0.071	0.074
安徽	0.029	0.029	0.028	0.028	0.028	0.029	0.030	0.031	0.030	0.031
福建	0.033	0.033	0.035	0.036	0.035	0.035	0.036	0.035	0.034	0.034
江西	0.019	0.019	0.019	0.018	0.018	0.018	0.018	0.018	0.019	0.019
山东	0.072	0.073	0.074	0.075	0.079	0.079	0.079	0.079	0.081	0.081
河南	0.046	0.047	0.047	0.046	0.046	0.047	0.048	0.049	0.048	0.048
湖北	0.039	0.039	0.040	0.036	0.036	0.036	0.035	0.035	0.036	0.038
湖南	0.034	0.033	0.033	0.032	0.032	0.032	0.032	0.032	0.031	0.031
广东	0.099	0.101	0.106	0.107	0.106	0.105	0.103	0.099	0.096	0.101
广西	0.029	0.028	0.020	0.021	0.021	0.019	0.019	0.019	0.019	0.019
海南	0.003	0.004	0.004	0.004	0.004	0.004	0.004	0.004	0.004	0.004
重庆	0.019	0.019	0.019	0.019	0.019	0.018	0.018	0.019	0.019	0.019
四川	0.041	0.041	0.041	0.040	0.041	0.039	0.040	0.041	0.043	0.043
贵州	0.015	0.015	0.014	0.014	0.014	0.014	0.014	0.014	0.013	0.013
云南	0.023	0.022	0.021	0.020	0.020	0.020	0.020	0.021	0.020	0.019
西藏	0.001	0.001	0.001	0.001	0.001	0.001	0.001	0.001	0.001	0.001
陕西	0.023	0.024	0.023	0.023	0.022	0.022	0.023	0.023	0.024	0.024
甘肃	0.014	0.014	0.014	0.013	0.013	0.012	0.012	0.011	0.011	0.011
青海	0.004	0.004	0.004	0.003	0.003	0.003	0.003	0.003	0.003	0.003
宁夏	0.004	0.004	0.005	0.004	0.005	0.005	0.004	0.005	0.005	0.005
新疆	0.015	0.015	0.014	0.014	0.013	0.013	0.013	0.013	0.013	0.014

表 4-8　消费地原则三因素法Ⅱ（资产、消费地原则营业收入和职工人数）下企业所得税的地区间分配比例

地区	2002 年	2003 年	2004 年	2005 年	2006 年	2007 年	2008 年	2009 年	2010 年	2011 年
北京	0.038	0.040	0.040	0.048	0.046	0.045	0.044	0.044	0.044	0.042
天津	0.021	0.020	0.020	0.020	0.019	0.019	0.018	0.018	0.020	0.019
河北	0.043	0.043	0.042	0.040	0.040	0.040	0.039	0.039	0.039	0.039
山西	0.027	0.028	0.028	0.028	0.028	0.028	0.028	0.028	0.027	0.027
内蒙古	0.017	0.017	0.016	0.017	0.017	0.017	0.018	0.018	0.018	0.019
辽宁	0.049	0.047	0.045	0.043	0.043	0.042	0.041	0.042	0.042	0.041
吉林	0.024	0.024	0.022	0.021	0.019	0.019	0.018	0.018	0.018	0.018
黑龙江	0.037	0.036	0.033	0.031	0.030	0.028	0.027	0.026	0.025	0.024
上海	0.045	0.043	0.043	0.045	0.043	0.041	0.041	0.042	0.042	0.039
江苏	0.074	0.074	0.076	0.075	0.078	0.082	0.083	0.082	0.083	0.085
浙江	0.049	0.051	0.057	0.062	0.066	0.069	0.071	0.073	0.073	0.076
安徽	0.032	0.031	0.031	0.030	0.029	0.030	0.031	0.031	0.030	0.031
福建	0.032	0.033	0.035	0.036	0.036	0.037	0.038	0.037	0.037	0.037
江西	0.021	0.021	0.020	0.020	0.020	0.020	0.020	0.020	0.020	0.020
山东	0.075	0.076	0.078	0.078	0.082	0.082	0.082	0.082	0.083	0.083
河南	0.053	0.053	0.052	0.050	0.049	0.050	0.051	0.051	0.050	0.050
湖北	0.041	0.041	0.043	0.040	0.040	0.039	0.037	0.037	0.038	0.039
湖南	0.036	0.035	0.034	0.034	0.034	0.034	0.034	0.034	0.033	0.033
广东	0.089	0.093	0.098	0.100	0.100	0.101	0.101	0.098	0.096	0.101
广西	0.030	0.029	0.021	0.021	0.021	0.020	0.020	0.020	0.020	0.020
海南	0.004	0.004	0.004	0.004	0.004	0.004	0.004	0.004	0.004	0.004
重庆	0.019	0.019	0.020	0.020	0.019	0.019	0.019	0.019	0.019	0.020
四川	0.043	0.043	0.044	0.043	0.043	0.042	0.043	0.044	0.045	0.045
贵州	0.016	0.016	0.015	0.015	0.015	0.015	0.014	0.014	0.014	0.013
云南	0.022	0.022	0.021	0.020	0.019	0.020	0.021	0.022	0.022	0.020

续表

地区	2002 年	2003 年	2004 年	2005 年	2006 年	2007 年	2008 年	2009 年	2010 年	2011 年
西藏	0.001	0.001	0.001	0.001	0.001	0.001	0.001	0.001	0.001	0.001
陕西	0.025	0.025	0.025	0.024	0.023	0.023	0.024	0.024	0.025	0.024
甘肃	0.014	0.014	0.014	0.014	0.013	0.013	0.012	0.012	0.012	0.011
青海	0.004	0.004	0.004	0.003	0.003	0.003	0.003	0.003	0.003	0.003
宁夏	0.004	0.004	0.005	0.004	0.004	0.004	0.004	0.004	0.004	0.004
新疆	0.014	0.014	0.013	0.013	0.012	0.012	0.012	0.012	0.012	0.013

表 4-9　消费地原则四因素法下企业所得税的地区间分配比例

地区	2002 年	2003 年	2004 年	2005 年	2006 年	2007 年	2008 年	2009 年	2010 年	2011 年
北京	0.042	0.044	0.044	0.052	0.050	0.049	0.048	0.048	0.048	0.046
天津	0.022	0.021	0.021	0.021	0.020	0.020	0.020	0.019	0.021	0.020
河北	0.041	0.041	0.041	0.039	0.039	0.039	0.039	0.038	0.038	0.039
山西	0.025	0.026	0.026	0.027	0.028	0.028	0.028	0.028	0.028	0.028
内蒙古	0.016	0.016	0.016	0.016	0.017	0.017	0.018	0.018	0.019	0.019
辽宁	0.049	0.047	0.045	0.044	0.043	0.042	0.042	0.043	0.043	0.041
吉林	0.023	0.023	0.022	0.020	0.019	0.019	0.018	0.018	0.018	0.017
黑龙江	0.035	0.034	0.032	0.030	0.029	0.028	0.027	0.025	0.025	0.024
上海	0.050	0.048	0.048	0.048	0.046	0.045	0.046	0.046	0.046	0.042
江苏	0.075	0.075	0.077	0.076	0.079	0.083	0.083	0.083	0.083	0.085
浙江	0.051	0.053	0.058	0.063	0.067	0.070	0.071	0.073	0.072	0.075
安徽	0.030	0.030	0.029	0.029	0.029	0.030	0.030	0.031	0.030	0.031
福建	0.033	0.033	0.035	0.036	0.035	0.036	0.037	0.036	0.036	0.036
江西	0.020	0.020	0.020	0.019	0.019	0.019	0.019	0.019	0.019	0.019
山东	0.074	0.074	0.076	0.077	0.081	0.081	0.080	0.080	0.082	0.082
河南	0.050	0.050	0.050	0.048	0.048	0.049	0.050	0.050	0.049	0.049
湖北	0.040	0.040	0.041	0.038	0.038	0.037	0.036	0.036	0.037	0.038

续表

地区	2002 年	2003 年	2004 年	2005 年	2006 年	2007 年	2008 年	2009 年	2010 年	2011 年
湖南	0. 035	0. 034	0. 033	0. 033	0. 033	0. 033	0. 033	0. 033	0. 032	0. 032
广东	0. 094	0. 097	0. 102	0. 103	0. 103	0. 103	0. 102	0. 099	0. 096	0. 101
广西	0. 030	0. 028	0. 021	0. 021	0. 021	0. 019	0. 020	0. 020	0. 020	0. 019
海南	0. 004	0. 004	0. 004	0. 004	0. 004	0. 004	0. 004	0. 004	0. 004	0. 004
重庆	0. 019	0. 019	0. 020	0. 019	0. 019	0. 019	0. 018	0. 019	0. 019	0. 020
四川	0. 042	0. 042	0. 043	0. 041	0. 042	0. 041	0. 041	0. 043	0. 044	0. 044
贵州	0. 015	0. 015	0. 015	0. 015	0. 014	0. 014	0. 014	0. 014	0. 013	0. 013
云南	0. 022	0. 022	0. 021	0. 020	0. 019	0. 020	0. 021	0. 021	0. 021	0. 019
西藏	0. 001	0. 001	0. 001	0. 001	0. 001	0. 001	0. 001	0. 001	0. 001	0. 001
陕西	0. 024	0. 024	0. 024	0. 023	0. 023	0. 023	0. 023	0. 023	0. 024	0. 024
甘肃	0. 014	0. 014	0. 014	0. 013	0. 013	0. 012	0. 012	0. 012	0. 011	0. 011
青海	0. 004	0. 004	0. 004	0. 003	0. 003	0. 003	0. 003	0. 003	0. 003	0. 003
宁夏	0. 004	0. 004	0. 005	0. 004	0. 004	0. 004	0. 004	0. 004	0. 005	0. 005
新疆	0. 015	0. 015	0. 014	0. 013	0. 013	0. 012	0. 013	0. 013	0. 012	0. 013

表 4－10　生产地原则四因素法下企业所得税的地区间分配比例

地区	2002 年	2003 年	2004 年	2005 年	2006 年	2007 年	2008 年	2009 年	2010 年	2011 年
北京	0. 049	0. 048	0. 058	0. 058	0. 056	0. 056	0. 055	0. 055	0. 055	0. 053
天津	0. 028	0. 027	0. 028	0. 027	0. 027	0. 026	0. 026	0. 026	0. 026	0. 029
河北	0. 039	0. 039	0. 037	0. 037	0. 036	0. 036	0. 036	0. 037	0. 037	0. 037
山西	0. 025	0. 025	0. 026	0. 027	0. 027	0. 027	0. 028	0. 027	0. 027	0. 027
内蒙古	0. 013	0. 013	0. 014	0. 015	0. 015	0. 016	0. 017	0. 017	0. 017	0. 018
辽宁	0. 051	0. 049	0. 048	0. 045	0. 045	0. 044	0. 045	0. 045	0. 044	0. 044
吉林	0. 022	0. 020	0. 019	0. 017	0. 016	0. 015	0. 016	0. 016	0. 016	0. 015
黑龙江	0. 032	0. 029	0. 027	0. 025	0. 024	0. 023	0. 021	0. 020	0. 019	0. 018
上海	0. 067	0. 066	0. 066	0. 065	0. 062	0. 060	0. 062	0. 055	0. 053	0. 056

续表

地区	2002 年	2003 年	2004 年	2005 年	2006 年	2007 年	2008 年	2009 年	2010 年	2011 年
江苏	0.088	0.090	0.089	0.091	0.095	0.097	0.098	0.098	0.099	0.096
浙江	0.066	0.072	0.076	0.081	0.083	0.084	0.083	0.082	0.083	0.080
安徽	0.024	0.023	0.023	0.022	0.022	0.023	0.024	0.025	0.026	0.027
福建	0.032	0.034	0.035	0.035	0.035	0.036	0.035	0.034	0.036	0.038
江西	0.014	0.014	0.014	0.014	0.014	0.015	0.015	0.015	0.016	0.017
山东	0.081	0.083	0.085	0.089	0.091	0.091	0.091	0.093	0.089	0.087
河南	0.044	0.043	0.043	0.043	0.044	0.045	0.045	0.046	0.045	0.047
湖北	0.035	0.036	0.034	0.033	0.033	0.031	0.032	0.034	0.035	0.036
湖南	0.024	0.023	0.022	0.022	0.022	0.023	0.024	0.025	0.026	0.027
广东	0.113	0.114	0.113	0.113	0.114	0.112	0.105	0.103	0.104	0.099
广西	0.015	0.014	0.014	0.014	0.013	0.013	0.014	0.014	0.014	0.014
海南	0.003	0.003	0.003	0.003	0.003	0.003	0.003	0.003	0.003	0.003
重庆	0.016	0.016	0.016	0.015	0.015	0.015	0.016	0.017	0.017	0.019
四川	0.035	0.035	0.033	0.033	0.032	0.033	0.035	0.036	0.036	0.036
贵州	0.011	0.011	0.011	0.011	0.011	0.010	0.010	0.010	0.010	0.010
云南	0.018	0.017	0.016	0.016	0.016	0.017	0.016	0.016	0.016	0.016
西藏	0.001	0.001	0.001	0.000	0.000	0.000	0.000	0.000	0.000	0.000
陕西	0.021	0.020	0.020	0.020	0.020	0.020	0.020	0.022	0.021	0.021
甘肃	0.013	0.012	0.012	0.011	0.011	0.010	0.010	0.010	0.009	0.009
青海	0.003	0.003	0.003	0.003	0.003	0.003	0.003	0.003	0.003	0.003
宁夏	0.004	0.004	0.004	0.004	0.004	0.004	0.004	0.004	0.004	0.004
新疆	0.014	0.013	0.012	0.012	0.012	0.012	0.012	0.012	0.012	0.012

以下结合表 4－2 到表 4－10 对企业所得税的地区间分配进行分析，分析时，我们注重分配结果的稳定性和公平性。图 4－1 是 2008—2011 年各省市分配公式中的因素情况。

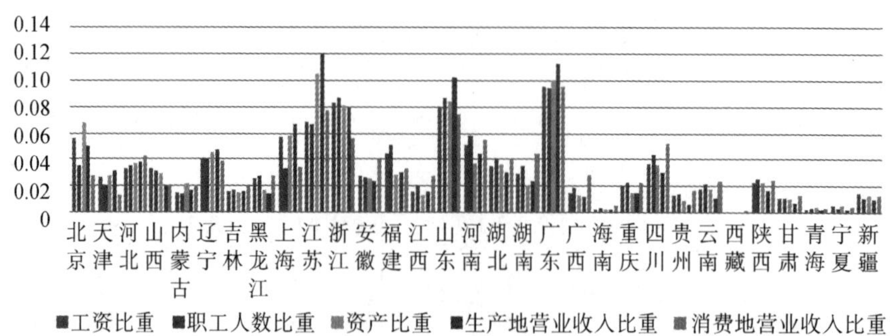

图 4-1　各省分配因素

4.4　稳定性考察

我们这里的稳定性指的是地区间企业所得税分配格局的稳定性。有三方面原因会影响所得税分配格局的稳定：一是进入分配公式的因素数目；二是分配因素是否具有高度流动性特征；三是各分配因素的权重。我们的分配公式总共涉及三类五个分配因素：资产、职工工资、职工人数、生产地原则的营业收入以及消费地原则的营业收入。企业所得税在总分机构所在地间进行分配时，考虑的分配因素越多，意味着单个因素对总分机构所在地税收分配的影响越小，从而确保了分配结果的稳定。反之，考虑的分配因素越少，则说明单个因素对所得税分配的影响很大，总分机构所在地取得稳定的税收分配额的风险也会很大。若某个因素是高度流动的且有较大权重，则更会加剧分配结果的不稳定性。

为衡量分配因素多寡与地区间企业所得税分配格局的稳定性关系，此处分别对生产地原则和消费地原则下，2008—2011 年 31 个地区分配因素从二因素到四因素变化时各地区所分配企业所得税的稳定性通过方差（var）予以分析，方差越小说明该种分配公式带来的税收收入越稳定，反之则越不稳定。图 4－2 和图 4－3 分别对生产地原则和消费地原则下不同分配公式下各地区企业所得税的方差情况进行了描述。

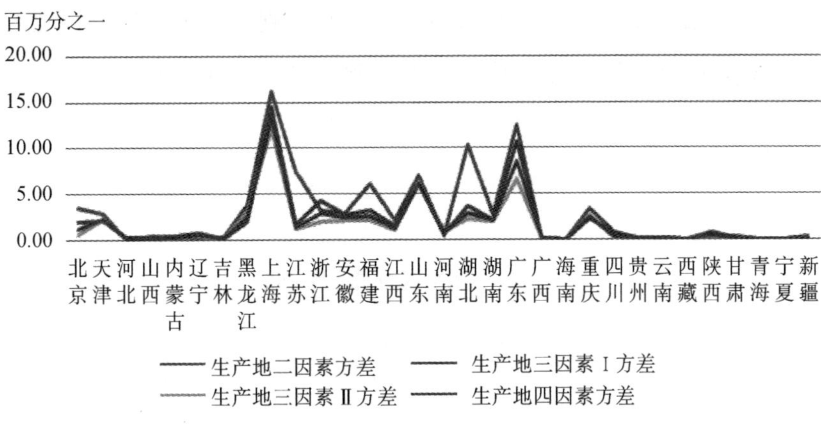

图 4－2　生产地原则下不同分配公式的方差显示

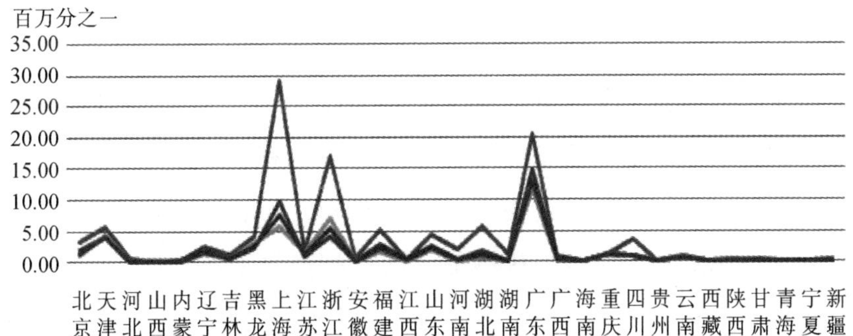

图 4－3　消费地原则下不同分配公式的方差显示

基于生产地原则和消费地原则，不同分配公式下方差的统计结果显示，总体而言，有关税收分配选取的因素越多，统计方差越小，即税收的稳定性越强。具体而言，同三因素法相比，在四因素法下，31 个地区中有 2/3 以上的地区税收的稳定性得到了提高，其余 1/3 地区中有 5 个左右没有明显变化，5 个左右稳定性有小幅下降。数据资料较好地支持了税收分配因素数目与总分机构所在地获取税收收入的稳定性之间存在较强的正相关性的结论。

Var 比较的结果支持多因素分配公式在稳定性上优于少因素公式，但对营业收入是使用生产地原则还是消费地原则的 Var 比较上，现有数据的分析结果没有很好地支持消费地原则的分配公式明显优于生产地原则的分配公式。

4.5 公平性考察

4.5.1 税收与税源一致原则在跨区经营企业所得税分配中的运用

对于跨区经营企业所得税的地区间分配，我们强调根据税收与税源相一致的原则来确定各地应予分配的企业所得税。

企业所得税的税源是企业所创造的 GDP，跨区经营企业也不例外。国外有关跨区经营企业所得税的地区间分配都遵循各地区与 GDP 的创造贡献相一致的原则，并进而将各地区对企业所得税的分配分解为各地区为创造 GDP 所提供的生产要素及其贡献多少的分配。企业 GDP 的创造主要依赖于企业所使用的生产要素，依据主流经济学，这些生产要素主要包括劳动力、土地、资本和企业家才能。至于跨区经营企业各总分机构有关 GDP 贡献的大小，结合生产要素及其可得性，将其分解为各总分机构的劳动力分配、资产使用和企业利润（或收入）等因素及其贡献的多寡与各总分机构所创造 GDP 的多寡是有内在统一性的。国外有关跨区经营企业所得税分配要素选择的合理性也正基于此。

借鉴国际经验，我国跨区经营企业所得税分配中的“税收与税源相一致”，就是根据各生产要素在企业所得创造中的贡献大小来确定各地税基大小。根据确定各生产要素时，有关营业收入确定原则的不同，营业收入可分为生产地原则的营业收入和消费地原则的营业收入两类；发达国家的税制主要根据消费地原则来制定，这与我国税制依据生产地原则的制定不同。在此，依据税制制定原则的不同（生产地原则或消费地原则）和确定创造 GDP 的生产因素及其贡献的不同来分别对企业所得税在不同地区分配的公平性予以分析。

4.5.2 不同分配公式的总体分析

表 4－11 对不同分配公式下各地区所享有的企业所得税比例予以描述。

根据 2008—2011 年不同分配公式下各地区所享有的企业所得税比例的均值可见，目前分配制度下，不同地区的受益受损情况大致可以分为三类：第一类，该地区是目前分配制度的绝对受益者，即现有分配制度下该地区企业所得税分配比例比按任何其他分配公式分配的企业所得税分配比例都高，这类地区包括北京、上海、江苏、广东、海南和西藏 6 个地区。第二类，该地区是目前分配制度的绝对受损者，即现有分配制度下该地区企业所得税分配比例比按任何其他分配公式分配的企业所得税分配比例都低，这类地区包括河北、山西、辽宁、吉林、黑龙江、安徽、福建、江西、山东、河南、湖北、湖南、广西、重庆、四川、陕西、甘肃、青海、宁夏和新疆 20 个地区。第三类，该地区在目前分配制度的受益受损情况不明确，即现有分配制度下该地区企业所得税分配比例与按其他分配公式分配的企业所得税分配比例互有高低，这类地区包括天津、内蒙古、浙江、贵州和云南 5 个地区。

受益受损情况显示，目前分配制度下，只有以北京、上海和广东为代表的近 1/5 的少数地区受益，近 2/3 的多数地区受损。根据帕累托原则，若一项制度能使所有地区受益（至少不受损），那该制度是绝对的

表 4-11　不同原则不同因素法各地区所享有的企业所得税比例、平均值（2008—2011 年）

地区	(1)	(2)	(3)	(4)	(5)	(6)	(7)	(8)	(9)
北京	0.109	0.053	0.042	0.058	0.051	0.051	0.044	0.055	0.047
天津	0.026	0.029	0.020	0.028	0.022	0.026	0.020	0.027	0.021
河北	0.029	0.036	0.038	0.036	0.038	0.037	0.039	0.037	0.038
山西	0.023	0.027	0.027	0.028	0.028	0.027	0.027	0.027	0.028
内蒙古	0.019	0.016	0.018	0.018	0.019	0.017	0.019	0.017	0.019
辽宁	0.034	0.044	0.040	0.045	0.042	0.044	0.041	0.045	0.042
吉林	0.012	0.016	0.018	0.016	0.017	0.016	0.018	0.016	0.017
黑龙江	0.012	0.020	0.027	0.019	0.023	0.020	0.024	0.019	0.024
上海	0.122	0.062	0.046	0.060	0.050	0.052	0.042	0.056	0.046
江苏	0.105	0.095	0.073	0.098	0.084	0.097	0.083	0.098	0.084
浙江	0.075	0.081	0.070	0.081	0.074	0.083	0.075	0.082	0.074
安徽	0.021	0.026	0.034	0.026	0.031	0.025	0.031	0.025	0.031
福建	0.031	0.038	0.039	0.035	0.036	0.037	0.038	0.036	0.037
江西	0.013	0.016	0.022	0.015	0.019	0.017	0.020	0.016	0.019
山东	0.058	0.091	0.077	0.089	0.080	0.091	0.082	0.090	0.081
河南	0.028	0.048	0.053	0.044	0.048	0.047	0.050	0.046	0.049
湖北	0.022	0.033	0.037	0.034	0.037	0.035	0.038	0.034	0.038
湖南	0.013	0.026	0.037	0.024	0.031	0.026	0.033	0.025	0.032
广东	0.131	0.104	0.096	0.103	0.097	0.103	0.097	0.103	0.097
广西	0.011	0.014	0.022	0.013	0.019	0.015	0.020	0.014	0.019
海南	0.005	0.003	0.004	0.003	0.004	0.003	0.004	0.003	0.004
重庆	0.013	0.018	0.022	0.017	0.019	0.018	0.020	0.017	0.020
四川	0.027	0.034	0.045	0.035	0.042	0.037	0.044	0.036	0.043
贵州	0.010	0.010	0.015	0.010	0.013	0.010	0.013	0.010	0.013
云南	0.016	0.015	0.021	0.016	0.020	0.017	0.021	0.016	0.020
西藏	0.001	0.000	0.001	0.000	0.001	0.000	0.001	0.000	0.001
陕西	0.017	0.020	0.024	0.021	0.024	0.021	0.024	0.021	0.024
甘肃	0.004	0.009	0.012	0.009	0.011	0.010	0.011	0.010	0.011
青海	0.002	0.002	0.003	0.003	0.003	0.003	0.003	0.003	0.003
宁夏	0.003	0.004	0.005	0.004	0.005	0.004	0.004	0.004	0.004
新疆	0.008	0.012	0.014	0.012	0.013	0.011	0.012	0.012	0.013

注：(1)—(9)表示前述九种分配公式。

好制度，若一项制度不能使所有地区受益（或者说要有某些地区受损），那么该制度能使尽可能多的地区受益（或者说能使尽可能少的地区受损），那该制度是相对的好制度，是退而求其次的选择。根据目前制度的实施结果与其他分配公式下结果的对比可以发现，目前的制度不符合帕累托原则，不是帕累托原则下的好的制度。

4.5.3 三因素法与四因素法的结果分析

目前，我国地区间企业所得税分配的税收手段主要是对总部所在地单独分配与对分支机构所在地按公式分配相结合。根据企业所得税地区间分配稳定性的结论，多因素的稳定性通常高于少因素，因此，结合我国的实际情况并借鉴国外经验，今后若对地区间企业所得税分配采取严格的因素分配法，那么该种选择的因素法可能是三因素法Ⅰ、三因素法Ⅱ和四因素法。根据表4-11对三因素法Ⅰ和三因素法Ⅱ的分析，两种三因素法只会对北京和上海等工资水平显著领先的地区产生影响。三因素法Ⅱ下，用职工人数取代职工工资后，上述两地区所分得的企业所得税比例会有明显下降，数据显示会有10%以上的下降，而对于绝大部分地区而言不同地区间企业所得税分配的差异较小，因此从目前的三因素法Ⅰ改革为三因素法Ⅱ的可能性微乎其微。以下主要就三因素法Ⅰ和四因素法进行分析（见图4-4）。

两种原则四种分配公式下，平均值计算结果为：北京、内蒙古、上海、江苏、广东、海南、西藏和天津8个地区的税收分配比例将比现行制度下的税收分配比例要小，其中上海以收入降幅均值56.47%居首，北京51.77%次之，以下依次为海南36.02%，西藏32.19%，广东23.60%，江苏13.91%，内蒙古5.40%和天津3.31%。其余23个地区的税收分配比例将比现行制度下的税收分配比例要大，收入增幅由大到小依次为甘肃133.46%，湖南123.96%，黑龙江75.77%，宁夏

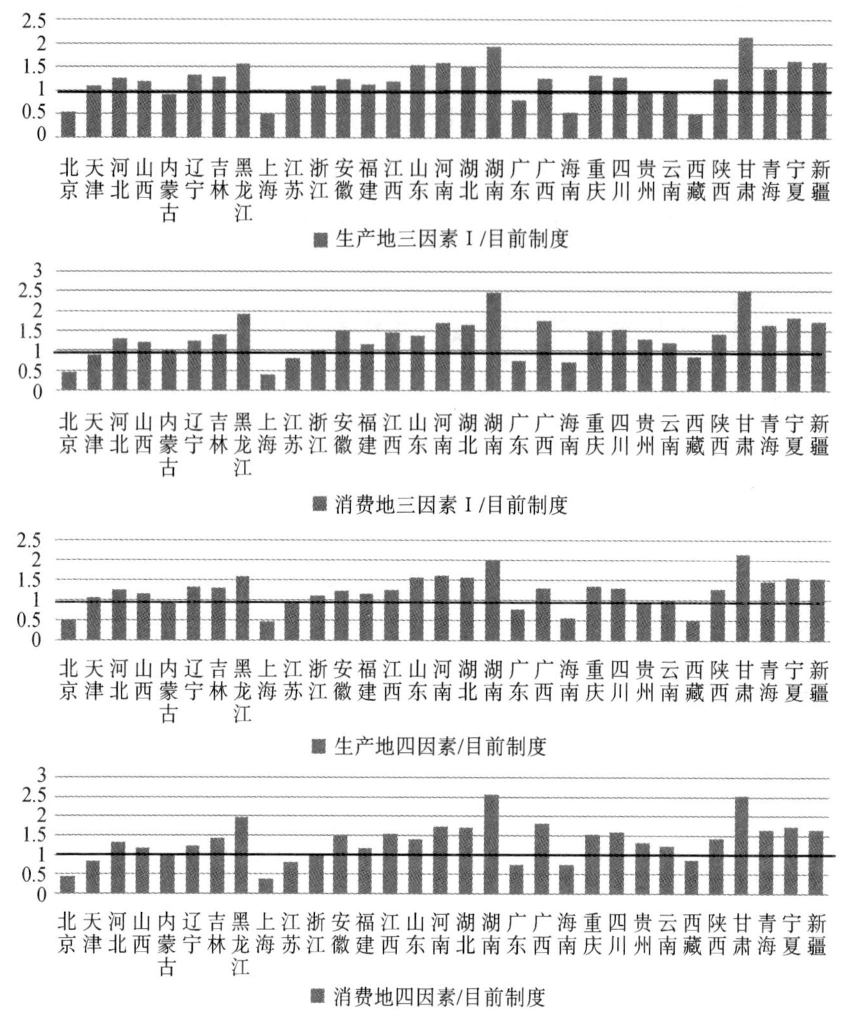

图 4-4 多因素分配公式与现行分配办法的分配格局比较

68.94%，河南 65.49%，新疆 62.65%，湖北 61.14%，青海 55.59%，广西 53.53%，山东 47.06%，重庆 43.62%，四川 42.76%，安徽 36.46%，江西 35.82%，吉林 34.86%，陕西 34.51%，河北 28.13%，辽宁 27.31%，山西 18.26%，福建 14.98%，贵州 13.59%，云南 9.41% 和浙江 4.13%。计算结果表明，如果跨区经营企业所得税的地

区间分配从目前的税收与财政相结合的分配制度，转变为纯粹的税收三因素分配法或纯粹的税收四因素分配法，多数省份会从中受益，而该种转变也更符合税收分配的公平原则。

就四因素法和三因素法而言，四因素法是在三因素基础上的一个较小的调整，将原来工资比重的权重由 1/3 调整为 1/6，另 1/6 由职工人数比重补充，二者共同代表劳动，共同占有了 1/3 的权重。对生产地三因素调整为生产地四因素和消费地三因素调整为消费地四因素的实证结果支持了较小调整的说法，将分配公式由三要素调整为四要素时，生产地原则和消费地原则下收入变化程度结果的平均值显示对近 2/3 的地区的影响程度小于 2%,，对其他近 1/3 的地区的影响程度介于 2%—5%，只有对北京和上海两地区的影响程度超过 5%，其中对北京的影响为 7.38%，对上海的影响为 6.56%。三因素法调整为四因素法能够更好地增强税收在地区间分配的公平性，但每一项改革都会有改革成本，且此种改革对于 2/3 以上的地区而言，改革影响很小，因此，此项改革是否值得推进，应综合考虑改革成本与收益等各种因素。

三因素法 1 和四因素法下，消费地原则优于生产地原则，当分配公式由生产地原则改为消费地原则，会有 2/3 以上的地区受益，是一个潜在的帕累托改进。在目前对跨区经营企业所得税实行税收分配的国家和地区均实行消费地原则的背景下，用消费地原则取代生产地原则符合国际趋势，有利于平衡消费地和生产地之间税收格局，也更符合谁负担谁享用的现代税收原理。

4.6 结　论

我国现行跨区经营企业所得税的地区间分配制度偏向总机构所在

地、偏向生产地、维护既得利益格局是一个不争的结论。经对其他国家实施经验的考察，我们可以发现他们的地区间企业所得税分配制度更加注重公平、稳定以及地区间的利益平衡。基于此，我们在现行地区间企业所得税分配制度基础上构建了八种分配公式，利用2008—2011年的省际面板数据，对这些分配公式产生的地区间税收分配格局的稳定性和公平性进行了分析。分析结果表明：

第一，相对少因素的分配公式，多因素的分配公式会产生更加稳定的税收分配格局，但消费地原则的分配公式在稳定性上并不明显优于生产地原则的分配公式。

第二，三因素法中，如果用职工人数代替职工工资，北京、上海等职工工资高的地区其分配的企业所得税将下降10%左右，这意味着若以职工人数代替职工工资，地区间企业所得税分配格局中总部经济所在地税收额将减少、产地的税收额将增加。

第三，消费地原则的多因素公式优于生产地原则的多因素公式。以三因素和四因素法为例，相比产地原则下的分配公式，消费地原则的分配公式情况下约2/3的地区的企业所得税收入得以增加，地区间的税收利益得以更好地平衡、公平性增加。

第四，分配公式由三因素调整为四因素能够增强地区间分配的公平性，但对全国2/3以上的地区的税收收入影响小于2%，总体而言调整效应较小。

总之，应以公平原则和效率原则为基础对我国地区间企业所得税分配制度进行改革。公平分配原则要求地区间企业所得税分配制度应根据税收与税源一致的原则确定各地区应获得的税基，使纳税地与税源地统一。效率原则要求地区间企业所得税分配制度应能抑制地方政府对企业生产经营行为的不适当干预，减少资源配置的扭曲。为此，应取消对总机构所在地的特殊对待以及取消维护既得利益格局的财政分配，对跨区经营企业所得税分配涉及的所有地区均采用一视同仁的税收分配。本书的分析结果表明，采用资产、职工工资以及消费地原则的营业收入的三因素公式或者资产、职工工资、职工人数以及消费地原则的营业收入的四因素公式都将极大改善现行的企业所得税地区间分配格局，具体的选择取决于改革成本和收益的比较。但显然，消费地原则的多因素分配公式应是构建更加稳定、公平的地区间企业所得税分配制度的改革方向。

5

电子商务与地区间企业所得税分配格局

5.1 引 言[①]

按照我国2008年新企业所得税税法，居民企业以企业登记注册地为纳税地点，即企业在哪里纳税，地方分享的企业所得税收入就归入哪里；此外，新企业所得税法还规定，如果居民企业在我国境内设立了不具法人资格的营业机构，应当实行汇总纳税，由总机构汇总计算缴纳企业所得税。对于汇总缴纳的企业所得税的地方分享部分，又规定了在总、分支机构所在地间的具体分配规则[②]。总体而言，我国跨区经营企业所得税的地区间分配格局是：税收从消费地、分支机构所在地流向生产地、总机构所在地，从欠发达的中西部地区流向工商业中心发达的大城市和东部地区（陈鑫和刘生旺，2013、2016；刘金山和王倩，2009；李建军，2013、2018等）。近些年来，电子商务迅速发展、伴随着财富在地区间的加速流动，必将与财税制度结合，进一步冲击地区间企业所得税分配格局。

有关电子商务对税收的影响，可总结为收入效应、流失效应和地区间转移效应。收入效应方面，徐超等（2016）利用2012年中国民营企业调查数据，研究发现，电子商务对民营企业绩效具有正面的影响。如果企业绩效与税收收入呈正向关系，那么电子商务的发展将有助于地方税收的增加。

流失效应方面，鉴于我国对电子商务交易的税收征管仍然不完善，

① 本章内容主要取自《电子商务与地区间企业所得税分配：理论机理与实证检验》，见《江海学刊》，2020（6）。

② 分配规则的基本特点是，针对地方分享的企业所得税，总机构所在地分享固定比例的所得税收入，并使用基于产地原则的营业收入、职工薪酬和资产总额三因素对所得税收入在分支机构所在地间分配。

电子商务交易的增加往往伴随着税收收入的流失。白彦锋和张崎（2014）的研究发现，电商税负远远低于线下经济，电子商务对实体销售整体造成冲击。陆施予和李光勤（2018）使用世界银行2012年中国企业调查数据的分析表明，税负负担越重，企业越有可能选择电子商务，且电子商务的销售比重越高。因此，电子商务发展水平提高意味着税负的减轻和税收收入的减少。朱军（2013）采用“平均税负法”分别采用窄口径和宽口径估计了电子商务造成的税收流失规模。Han（2018）使用2004—2017年的数据构建计量模型，发现电子商务发展导致的税收流失量逐年递增且规模巨大。

地区间税收转移效应。白彦锋和张崎（2014）使用网络购物渗透率和网商规模指数的对比数据，认为，卖家较少而买家活跃的区域会沦为净税收流出地，而卖家集中的地区将成为净税收流入地。刘怡等（2019）分析了电子商务对地区间增值税分配的可能影响，发现电子商务下“销售集中、消费分散”的特点加剧了地区间增值税收入与税负归属不一致的问题，郁晓和赵文伟（2019）得出了类似的结论。

已有文献从不同角度考察了电子商务的税收效应，但鲜有文献采用计量方法综合考察电子商务对地区间税收分配的影响。本书从企业所得税的地区间分配入手进行分析。本书余下部分的结构安排如下：第二部分是电子商务影响地区间企业所得税分配格局的理论分析，本部分详细分析了电子商务对地区间企业所得税分配格局的影响机理；第三部分是变量、模型与数据，包括变量选取、数据描述、模型设定等；第四部分是实证分析，包括回归结果以及稳健性检验；第五部分是本书的结论与政策启示。

本书可能的贡献有：第一，综合考虑电子商务的税收收入效应、税收流失效应以及地区间税收分配效应，对电子商务如何影响地区间企业所得税分配进行实证分析。第二，研究发现，电子商务越发达，企业所得税从其他地区的转入越少。第三，电子商务强化了生产地、注册地、总部地的企业所得税分配优势，使得产地与消费地、总部所在地与分支机构所在地间的企业所得税分配差距进一步拉大。第四，经机制检验，发现电子商务对企业所得税转入的负面影响是通过税收流失实现的。政策启示是：一方面，应继续探索有助于地区间税收公平分配的企业所得税地区间分配规则；另一方面，应考虑加强电子商务税收征管，减少企业所得税的流失，最终促使各地积极发展电子商务，将地区的电子商务发展优势落实为税收优势。

5.2 电子商务影响地区间企业所得税分配格局的理论分析

5.2.1 “税收”与“税源”的背离

Tilebout（1956）构建了一个财政分权、地方政府间竞争有利于实现地方公共产品有效提供的模型。然而此模型的一个基本条件是政府活动不产生外部性。现实中此条件的无法满足，成为财政分权缺点的来源之一。如果某地的税收不完全由当地的居民承担，而是由辖区外的居民承担，这就是典型的税负输出，说明政府活动产生了外部性。进而，如果存在税负输出，该地的财政支出会呈现出地方财政支出扩张与地方公共产品的过度提供的特点。而最终结果是地区间公共产品提供规模和质量的差距拉大，加大地区间的经济发展差距。

我国通常用“税收与税源背离”（靳万军和付广军，2008、2009、2010、2011）、“税收背离”（李建军，2013）、“税收转移”（何炜和雷根强，2018）、“税收收入与税负归属不一致”（刘怡等，2019）等术语来描述税负输出。如果某地的税收有部分为其他地区的居民负担，此地被称为税收流入地或税收转入地；如果某地的税收流向了其他地区，该地被称为税收流出地或税收转出地。以增值税为例：我国的增值税是一个典型的容易造成税负输出的税种，因为我国的增值税是产地征收原则，而我们通常假定增值税税负由消费者承担，因此，增值税容易由消费地流向产地。而消费地往往是人口众多、经济落后的中西部地区。“税收”与“税源”的背离通过扩大地区间税收差距影响了地区间的公共服务水平。

5.2.2 企业所得税地区间分配的基本特点

企业所得税是个特殊的税种，首先它涉及企业投资决策的选址；其次，登记注册地纳税，涉及企业所得税的收入归属；再次，居民企业在境内设立不具法人资格的营业机构，需要由总机构汇总纳税，汇总纳税的税款，需要按照分配公式在总分机构所在地间分配，而分配因素是基于产地原则实施的；最后，企业所得税是中央和地方共享税。因此，企业所得税是一个涉及纵向和横向政府间财政关系的税种，横向财政分配关系又涉及总分机构所在地、生产地与消费地、注册地与消费地等错综复杂的地区间税收分配关系。

5.2.3 电子商务、制度叠加与地区间企业所得税分配

电子商务通过税收征管制度和地区间税收分配规则对地区间企业所得税分配格局进行冲击。如第 2 章所述，无论是有形商品的网络交易还是数字化商品的网络交易，电子商务结合注册地以及产地倾向的跨区税基分配规则，都有利于增加登记注册地、总部所在地、生产地的企业所得税，并继续扩大生产地和消费地、企业注册地和消费地、总部所在地和分支机构所在地的税收差距。

5.2.4 电子商务、税收流失与地区间企业所得税分配

以上分析不考虑电子商务的税收流失效应。若对电子商务的税收征管完善，在我国经济发展不平衡的背景下，电子商务的发展无疑会通过强化注册地、总部所在地、产地企业所得税分配优势的方式扩大地区间企业所得税税收分配差距，从而使得企业所得税的地区间“税收”与“税源”背离的问题更加突出。然而，事实是当前电子商务税收征管并不完善，电子商务的快速发展也伴随着税收的大量流失。这就增加了我们分析电子商务影响地区间税收分配格局的难度。这意味着：一方面，若电商税收征管完善，电子商务通过现行税收征管和税收分配规则会进一步增强总部地、注册地、生产地的税收分配优势；另一方面，若电商税收征管不完善，电子商务的发展会减少上述地区乃至全国所有地区的企业所得税，削弱总部地、注册地、生产地的税收分配优势，使得电子商务对地区间企业所得税分配格局的冲击效果减弱。

基于上述分析，我们提出以下基本问题和研究假设并在实证部分予以验证。

第一，电子商务对地区间企业所得税转移的总体效应。

电子商务对地区间企业所得税分配格局的总体影响是什么？电子商务越发达的地区，企业所得税的转移方向是越容易从其他地区转入，还是容易向其他地区转出？我们预计应为前者，即电子商务越发达的地区，越容易获得企业所得税的转入。理由如下：首先，电子商务会促进经济增长，带来税收收入效应；其次，电子商务发达地区通常是经济发达地区，这些地区往往生产集中、总部经济发达，而税收分配规则是有利于产地和总部地、注册地的。电子商务的收入效应和转移效应均有助于增加电子商务发达地区的企业所得税转入，因此提出“假设 1”。

假设1：电子商务越发达的地区，企业所得税从其他地区的转入越多（或向其他地区的转出越少）。

第二，电子商务对地区间企业所得税转移的结构效应。

经过前面电子商务、制度叠加与地区间企业所得税分配关系的讨论，我们发现，根据企业所得税地区间分配规则，电子商务的发展有利于总部所在地、登记注册地、生产地的企业所得税转入。以分假设的形式提出“假设2”。

假设2-1：电子商务发展水平越高、生产贡献越高的地区，存在企业所得税税收转入。

假设2-2：电子商务发展水平越高、消费贡献越高的地区，存在企业所得税税收转出。

假设2-3：电子商务发展水平越高、总部经济越发达的地区，存在企业所得税税收转入。

以上假设均不考虑电子商务税收征管不完善带来的企业所得税流失。如果存在税收流失效应，则上述结论有可能改变。

5.3 变量、模型与数据

5.3.1 变量与数据

5.3.1.1 被解释变量

企业所得税税收转移数据。具体来说，使用各省实际分享的企业所得税之和为基数，按各省GDP占全国GDP的比重为权重，计算出各省应分享的企业所得税。企业实际分享的企业所得税/企业应分享的企业所得税，该值若大于1，表示转入，若小于1，表示转出。某省该相对值越大，说明企业所得税地区间分配格局越有利于该地。

5.3.1.2 核心解释变量

核心解释变量为电子商务指数，数据来源于清华大学2014—2017年的《中国电子商务发展指数报告》。

5.3.1.3 控制变量

本书的控制变量为：人均GDP；产业结构情况，使用各省第二产业、第三产业占GDP的比重衡量；城镇化水平，使用各省城镇人口占该省常住人口比重来衡量；开放性程度，使用各省进出口占GDP的比重来衡量；人口密度，使用该省每平方公里人数来衡量。并对相关变量做对数处理。数据主要来源于EPS数据库。表5-1是相关变量的统计描述。

表5-1　　变量的统计描述

variable	定义	mean	sd	p50	min	max
cit_ fd	企业所得税转移的相对额	0.942	0.680	0.742	0.262	3.651
flneit_ tr	ln［企业所得税税收转移（亿元）］×转移方向	-2.082	3.850	-3.719	-5.946	6.887
level	电子商务水平	23.72	15.25	19.33	7.590	71.26
second_ ratio	第二产业占比	0.427	0.0780	0.449	0.190	0.541
ter_ ratio	第三产业占比	0.477	0.0870	0.458	0.354	0.806
lnpgdp	ln（人均GDP）（元）	10.84	0.398	10.73	10.17	11.77
lnpoden	ln（人口密度）（人）	5.342	1.486	5.612	0.971	8.255
urban2	城镇化水平	0.573	0.126	0.553	0.258	0.896
Imex_ ratio	开放性程度（进出口占GDP比重）	0.038	0.042	0.020	0.0020	0.198
production_ ratio	生产贡献	0.032	0.026	0.025	0.001	0.110
consum_ ratio	消费贡献	0.032	0.024	0.025	0.002	0.104
headquarters	总部经济	0.032	0.036	0.015	0.004	0.163

5.3.2 模型设定与估计策略

模型（5－1）为基础模型，为包含了个体效应和时间效应的双向固定效应模型，此模型可以缓解因不可观测且不随时间变化的个体差异所导致的内生性问题。y_{it} 为因变量，在基础回归中就是企业所得税转移的相对额（cit_ fd）；x_{it} 为核心解释变量，在这里就是电子商务发展水平（level）；z_{it} 为控制变量，包括人均GDP、产业结构、人口密度、开放性程度、城镇化水平等。若核心变量电子商务的系数为正，说明电子商务发展程度越高的地区，从其他地区转入的企业所得税越多；否则，说明电子商务发展不利于该地企业所得税转入。

$$y_{it} = \alpha + x_{it}'\beta + z_{it}'\gamma + u_i + \lambda_t + \varepsilon_{it} \tag{5-1}$$

为验证电子商务下的地区间企业所得税分配格局是否仍然有利于总部地、生产地，不利于消费地。我们在模型（5－1）的基础上加入电子商务与总部、电子商务与生产贡献、电子商务与消费贡献的交互项，与此同时分别控制总部、生产贡献、消费贡献。若交互项系数为正，说明电子商务越发达、总部经济越发达（生产贡献越大、消费贡献越大）的地区，企业所得税越容易从其他地区转入，否则企业所得税越容易从本地转出。

经过理论分析，发现电子商务的发展往往伴随着大规模的税收流失。对于税收转入地而言，税收流失会减少其他地区向该地区的税收转入。对于税收转出地而言，税收流失会进一步加剧税收从该地向其他地区的转移。因此，税收流失是电子商务影响地区间税收转移的重要途径。为检验此机制，首先，我们建立模型考察电子商务对地区企业所得税收入（lncit）的影响，若系数为负，说明电子商务确实造成了地区企业所得税流失；然后，考察地区企业所得税收入对企业所得税转入的影响，若系数为正，说明企业所得税收入越少，从其他地区转入的企业所得税也越少；最后，在模型（5－1）的基础上，解释变量中加入地区企业所得税收入（lncit），若回归结果中电子商务的系数不再显著，而lncit的系数显著为正，说明电子商务的确是通过减少地区企业所得税收入（或增加税收流失）的方式减少了企业所得税从其他地区的转入。上述检验机制的解释也适用于企业所得税的转出。

为验证基础模型（5－1）的结论，我们在稳健性检验部分做了以下工作：第一，将因变量换为企业所得税转入的绝对额（flneit_ tr）。具体来说，借鉴何炜和雷根强（2018）的做法，使用各省实际分享的企业所得税减去各省应分享的企业所得税，差额为各省的企业所得税税收转移数额。若大于零，则该省为企业所得税转入省；若小于零，则该省为企业所得税转出省。对该数额取对数然后以正负符号表示税收转移的方向。若核心变量电子商务的系数为正，说明电子商务发展程度越高的地区，企业所得税转入越多；若系数为负，说明电子商务的发展水平越高，地区企业所得税转出越多。第二，考虑到地区企业所得税转移与电子商务可能的双向因果关系，以及本书时间序列较短的现实，我们采用电子商务的滞后一期作为工具变量，在稳健性检验部分采用两阶段最小二乘法进行工具变量回归对基础模型的结果进行验证。第三，电子商务的快速发展，突破了信息传递、空间距离等传统因素对地区间经济交流的约束，通过要素流动影响了地区间的经济关系和财政税收分配关系。为减轻由于忽视这种地区间的空间依赖所导致的内生性，我们在稳健性检验部分，构建了空间权重矩阵 w_{ij} 来表示地区间的空间依赖效应。这里的空间权重矩阵为空间距离权重矩阵，主对角线元素均为0，非主对角线元素为 $1/d$，其中 d 为两个省份地理中心位置的距离，则模型（5－1）变为：

$$\begin{cases} y_{it} = \alpha + \rho w'_i y_t + x'_{it}\beta + \delta w'_i x_t + + z_{it}'\gamma + u_i + \lambda_t + \varepsilon_{it} \\ \varepsilon_{it} = \tau w'_i \varepsilon_i + v_{it} \end{cases} \qquad (5-2)$$

当 $\delta = 0, \tau = 0$ 时，为空间自回归模型；当 $\rho = 0, \tau = 0$ 时，为空间

杜宾模型；当 $\rho = 0, \delta = 0$ 时，为空间误差模型；我们还考虑了同时包括空间自回归、空间杜宾和空间误差模型的一般空间计量模型。

此外，我们还对生产贡献、消费贡献、因变量取值不同的地区分样本进行了异质性分析，以进一步探索电子商务影响地区间企业所得税转移的作用机制。

5.3.3 被解释变量和核心解释变量的走势图

5.3.3.1 被解释变量的走势图

从图 5-1 可以看出，企业所得税转移相对额在个体之间差异较大，但就同一个体的走势来看，绝大多数省份被解释变量的时间趋势不够明显。但具体模型中是否需要包含时点效应还需要进行检验。

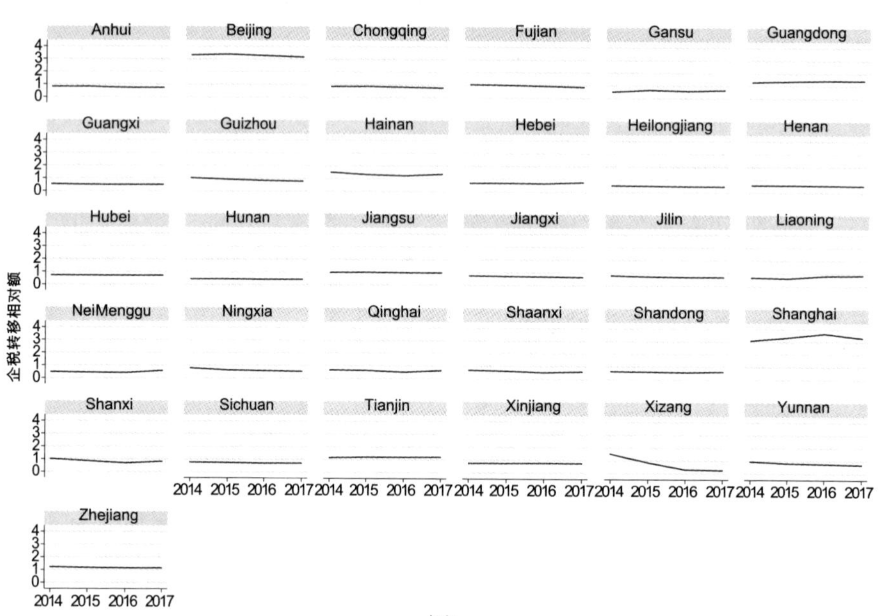

图 5-1 各省企业所得税转移相对额走势

5.3.3.2 电子商务水平走势图

由图 5-2 可以看出，电子商务发展中在各省中差异较大，绝大部分省份内部在时间上的走势变化较明显。

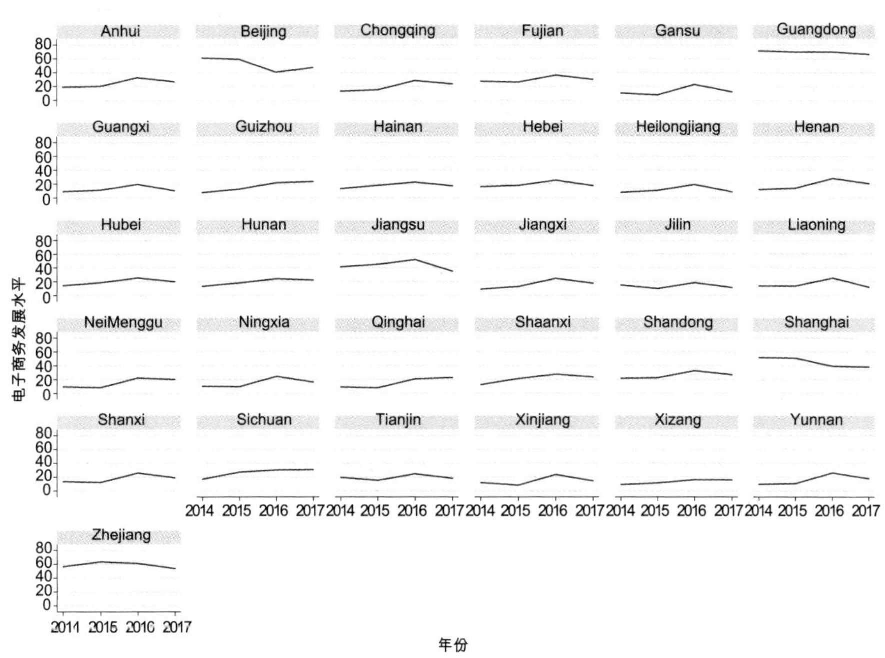

图 5-2 各省电子商务走势

5.3.4 变量之间的相关系数表

从表 5-2 可以看出，就两两变量的相关系数而言，电子商务与企业所得税转移呈正向关系，电子商务越发达的地区企业所得税越容易发生从其他地区的转入。第三产业比重、人均 GDP、城镇化、人口密度、净出口与企业所得税转移呈正向关系。第二产业比重与企业所得税转移呈负向关系。

表 5－2　　　　　　　　　　相关系数表

	cit_ fd	level	second_ ratio	ter_ ratio	lnpgdp	lnpoden	urban2	Imex_ ratio
cit_ fd	1							
level	0.5564*	1						
second_ ratio	-0.5899*	-0.1885*	1					
ter_ ratio	0.8235*	0.4950*	-0.8235*	1				
lnpgdp	0.5911*	0.6279*	-0.126	0.5425*	1			
lnpoden	0.5070*	0.5063*	-0.0748	0.3274*	0.5617*	1		
urban2	0.6948*	0.5890*	-0.2616*	0.6290*	0.9012*	0.6948*	1	
Imex_ ratio	0.8445*	0.7706*	-0.3388*	0.6661*	0.7226*	0.6108*	0.7799*	1

注：＊表示在5%的水平上显著。

5.4　回归结果

5.4.1　电子商务对地区间企业所得税转移的影响

对模型（5－1）进行回归，结果如表5－3所示。表5－3第（2）列的回归结果表明，电子商务对企业所得税转移有显著的负向影响，电子商务发展水平越高的地区，从其他地区转入的企业所得税越少。根据我们前面的分析，当电子商务税收征管完善时，电子商务越发达的地区，会带来税收增长效应，同时电子商务“销售集中、消费分散”的特点，使得企业所得税分配会有利于生产地、注册地，企业所得税相应地容易转入到生产地、注册地，此时，从理论上讲电子商务与地区企业所得税转移的关系应是正向关系。回归结果却显示电子商务的系数为负。这与“假设1”相悖，应该如何解释？进一步，若电子商务对企业所得税转入影响为负，那么电子商务是否改变了企业所得税地区间分配偏向总部地、注册地和生产地的分配格局？我们先考察电子商务对地区间企业所得税转移的结构效应，然后再探讨电子商务负向影响地区企业所得税转入的原因。

表 5－3　　电子商务影响地区企业所得税转入的回归结果

	(1) cit_ fd	(2) cit_ fd
level	－0. 007 *** (0. 002)	－0. 004 *** (0. 001)
second_ ratio		2. 053 (2. 296)
ter_ ratio		3. 399 (2. 666)
lnpgdp		－0. 475 ** (0. 200)
lnpoden		－4. 972 (4. 719)
lmex_ ratio		－1. 580 (1. 662)
cons	1. 099 *** (0. 056)	30. 31 (22. 970)
N	124	124
R^2	0. 093	0. 348
F	7. 663	5. 967

注：括号内数值为稳健标准误。*、**、*** 分别表示 10%、5% 和 1% 的显著性水平。经过检验，发现无显著的时间效应。

5.4.2 电子商务是否改变了偏向总部地、产地的地区间企业所得税分配格局

为验证“假设 2”，我们使用各省第二、第三产业 GDP 占全国第二、第三产业 GDP 比重来衡量各地的生产贡献；使用各省最终消费支出占总消费支出的比重来衡量各地的消费贡献；各省上市公司数量占全国上市公司数量的比重来衡量各地的总部经济情况。在模型（5 – 1）中分别加入电子商务与生产贡献、电子商务与消费贡献、电子商务与总部经济的交互项。若交互项系数为正，说明上述因素改变了表 5 – 3 电子商务与税收转移的负向关系，也说明电子商务有利于生产地（消费地、或总部地）从其他地区的企业所得税转入。若交互系数为负，说明上述因素没有改变电子商务与税收转移的负向关系，说明电子商务不利于生产地（消费地、或总部地）从其他地区的企业所得税转入，或者说这些地区容易存在企业所得税转出。预计电子商务与产地的交互项系数为正、电子商务与消费地的交互项为负、电子商务与总部经济的交互项系数为正。

5.4.2.1 电子商务、生产贡献与地区间企业所得税转移

电子商务、生产贡献与地区间企业所得税转移的回归结果如表5 – 4 所示。表 5 – 4 第（2）列的结果表明，加入电子商务与生产贡献的交互项后，电子商务的系数仍然显著为负，而交互项（plev）系数在 10% 的水平下显著为正。这说明生产贡献改变了电子商务与企业税收转移的负向关系，同时也说明电子商务水平越高、产地贡献越大的地区，企业所得税从其他地区的转入也越多。“假设 2 – 1” 得证。

表 5－4　　电子商务、生产贡献与地区企业所得税转入

	(1) cit_ fd	(2) cit_ fd
level	－0. 012 **	－0. 008 ***
	(0. 005)	(0. 002)
production_ ratio	－15. 705 ***	18. 89
	(4. 869)	(18. 735)
plev	0. 176	0. 104 *
	(0. 107)	(0. 055)
second_ ratio		－2. 221
		(1. 525)
lnpgdp		－0. 579 **
		(0. 283)
lnpoden		－3. 975
		(4. 025)
Imex_ ratio		－0. 259
		(1. 594)
cons	1. 553 ***	28. 88
	(0. 152)	(21. 400)
N	124	124
R^2	0. 156	0. 369
F	7. 544	5. 324

注：括号内数值为稳健标准误。*、**、*** 分别表示 10%、5% 和 1% 的显著性水平。经过检验，发现无显著的时间效应。为防止多重共线性，未将第三产业占比放入回归方程。

5. 4. 2. 2　电子商务、消费贡献与地区间企业所得税转移

随着电子商务的发展，生产集中、消费分散的格局越来越明显。而跨区经营企业所得税分配规则均是有利于产地、不利于消费地的。我们预计电子商务与消费贡献的交互项系数为负，即电子商务越发达、消费贡献越大的地区，企业所得税越容易转出到其他地区。但是，表 5－5 第（2）列的回归结果显示，电子商务的系数显著为负，电子商务与消

费贡献的交互项系数也虽然为负，却不显著。可能的原因是：第一，由于常住人口的流入流出，各地的生产贡献和消费贡献未发生大幅度的偏离。通过计算生产贡献和消费贡献的相关系数，发现两者的相关系数高达0.9891，且在5%的水平下高度显著。第二，谷国锋和许瑛航（2019）的研究发现，地区间电子商务发展水平不平衡，两极化严重，华东、华南地区的企业和居民的电子商务水平均较高，而华北、华中和东北地区的居民网购指数高、企业的网商指数较低。华东、华南经济发达、聚集大量人口，因而权重也比较大，可能因此影响了回归结果。

表5-5　电子商务、消费贡献与地区企业所得税转入

	(1) cit_ fd	(2) cit_ fd
level	-0.013** (0.006)	-0.004** (0.002)
consum_ ratio	-18.12 (11.206)	22.11 (15.320)
clevel	0.214 (0.133)	-0.016 (0.056)
second_ ratio		1.584 (2.162)
ter_ ratio		3.361 (2.519)
lnpgdp		-0.554** (0.217)
lnpoden		-5.593 (4.809)
imex_ ratio		-1.914 (1.645)
cons	1.613*** (0.354)	34.01 (23.793)
N	124	124

续表

	(1) cit_ fd	(2) cit_ fd
R^2	0. 142	0. 377
F	2. 712	6. 495

注：括号内数值为稳健标准误。*、**、*** 分别表示 10%、5% 和 1% 的显著性水平。经过检验，发现无显著的时间效应。

5. 4. 2. 3　电子商务、总部贡献与地区间企业所得税转移

企业所得税的纳税地为企业注册地、机构所在地。按照我国跨区经营企业所得税分配办法，企业所得税分配是偏向总部所在地的。表 5 - 6 第（2）列的回归结果表明，电子商务的系数显著为负，而电子商务与总部贡献的交互项（hlev）的系数为正，且在 10% 的显著性水平下显著。这说明，总部经济改变了电子商务与企业所得税转移的负向关系。电子商务发展水平越高、总部经济越发达的地区，企业所得税从其他地区的转入也越多。“假设 2 - 3” 得证。

表 5 - 6　电子商务、总部贡献与地区企业所得税转入

	(1) cit_ fd	(2) cit_ fd
level	- 0. 010 **	- 0. 006 *
	(0. 004)	(0. 003)
headquarters	- 6. 630	1. 423
	(5. 443)	(5. 534)
hlev	0. 098 *	0. 095 *
	(0. 057)	(0. 051)
second_ ratio		- 1. 934
		(1. 746)
lnpgdp		- 0. 257
		(0. 370)

续表

	(1) cit_ fd	(2) cit_ fd
lnpoden		-4.870 (4.862)
Imex_ ratio		-2.499 (1.526)
cons	1.294 *** (0.229)	30.68 (24.003)
N	124	124
R^2	0.150	0.365
F	1.968	5.939
时间效应	控制	控制

注：括号内数值为稳健标准误。*、**、*** 分别表示 10%、5% 和 1% 的显著性水平。为减缓多重共线性，未将第三产业占比放入回归方程。

总体而言，总部经济贡献越大、生产贡献越大的地区，从其他地区转入的企业所得税也越多。这与我们前面有关电子商务、制度叠加与地区间企业所得税分配的理论分析结果一致。

5.4.3 电子商务负向影响地区企业所得税转入的机制探讨

前面的分析和回归结果表明，电子商务越发达的地区，企业所得税从其他地区的转入也越少；与此同时，电子商务越发达、生产贡献越大、总部经济越发达的地区，企业所得税转入也越多。这两个结果似乎矛盾。但如果把税收流失考虑进来，结果并不矛盾。一方面，虽然我国电子商务发展如火如荼，但相应的电子商务税收征管却不完善，如果流失效应较大，那么电子商务越发达的地区，税收流失越多，从其他地区转入的企业所得税就会越少。另一方面，尽管存在税收流失，但由于税收流失的普遍性和规模的地区差别性，再加上企业所得税注册地征收和地区间税收分配规则偏向总部和生产地的内在特征，依然无法改变企业所得税分配偏向生产地、总部地和注册地的基本分配格局。

为验证电子商务通过税收流失减少地区企业所得税转入的机制，我们首先考察了电子商务对企业所得税收入的影响；然后考察了企业所得税收入对地区间企业所得税转移的影响；最后我们在模型（5－1）的解释变量中加入企业所得税收入变量，通过观察电子商务、企业所得税收入的系数符号和显著性来考察电子商务是否通过企业所得税流失来影响地区间企业所得税的转移。

5.4.3.1　电子商务与地区企业所得税收入

表5－7中，因变量为地区企业所得税收入（取对数，lncit）。第（2）列和第（3）列结果均表明，电子商务越发达的地区，企业所得税流失越多。以第（2）列为例，在1%的显著性水平下，电子商务水平每增加一个单位，企业所得税收入会下降0.8%。企业所得税收入以亿元计，若按照绝对值计算，企业所得税流失的规模可观。

表5－7　　　　电子商务与企业所得税收入

	(1) lncit	(2) lncit	(3) lncit
level	0.052*** (0.004)	-0.008*** (0.002)	-0.007*** (0.001)
ter_ ratio		2.649* (1.408)	5.511 (4.012)
lnpgdp		0.667** (0.264)	0.500* (0.281)
lnpoden		-5.063 (6.877)	-5.145 (6.838)
Imex_ ratio		-0.008 (1.135)	-0.792 (1.339)

续表

	(1) lncit	(2) lncit	(3) lncit
second_ ratio			3.097 (3.399)
cons	3.975 *** (0.134)	23.95 (34.221)	23.52 (33.578)
N	124	124	124
R^2	0.480	0.300	0.312
F	199.2	13.33	11.01

注：括号内数值为稳健标准误。*、**、*** 分别表示 10%、5% 和 1% 的显著性水平。经过检验，发现无显著的时间效应。为减缓多重共线性，未将城镇化水平纳入方程。

5.4.3.2 企业所得税收入与地区间企业所得税转移

表 5-8 回归结果说明企业所得税收入与地区的企业所得税转移为正向关系，企业所得税收入越高的地区，从其他地区转入的企业所得税越多，而企业所得税收入越少的地区，从其他地区转入的企业所得税越少。表 5-8 的第（1）—（3）列企业所得税收入系数均为正，且在 1% 的显著性水平下显著。以第（3）列为例，地区企业所得税收入增加一个百分点，企业所得税从其他地区的转入增加 0.68%。

表 5-8 地区企业所得税收入与企业所得税转入

	(1) cit_ fd	(2) cit_ fd	(3) cit_ fd
lncit	0.303 *** (0.068)	0.678 *** (0.014)	0.680 *** (0.016)
ter_ ratio		-0.245 * (0.136)	-0.490 (0.483)
lnpgdp		-0.813 *** (0.057)	-0.801 *** (0.066)

续表

	(1) cit_ fd	(2) cit_ fd	(3) cit_ fd
lnpoden		-1.333 (0.888)	-1.329 (0.887)
Imex_ ratio		-0.891 (1.356)	-0.840 (1.347)
second_ ratio			-0.255 (0.496)
cons	-0.637 * (0.323)	13.483 *** (4.394)	13.543 *** (4.396)
N	124	124	124
R^2	0.264	0.873	0.873
F	20.09	719.6	756.1

注：括号内数值为稳健标准误。*、**、*** 分别表示 10%、5% 和 1% 的显著性水平。经过检验，发现无显著的时间效应。为减缓多重共线性，未将城镇化水平纳入方程。

5.4.3.3 电子商务、企业所得税收入与地区间企业所得税转移

在模型（5-1）解释变量中加入企业所得税收入变量后，表 5-9 的结果表明，电子商务水平的系数不再显著，但企业所得税收入的系数在 1% 的显著性水平下是显著为正的。说明电子商务确实是通过税收流失对地区间企业所得税转移产生了影响。综合前两个回归，我们可以得出如下结论：现实中由于电商税收征管不完善，电子商务越发达的地区，企业所得税越少，税收流失越多，从其他地区转入的企业所得税收入也越少（或者说向其他地区的企业所得税转出越多）。

表 5-9　电子商务、企业所得税收入、地区企业所得税转入

	(1) cit_ fd	(2) cit_ fd
level	0.001 (0.001)	0.001 (0.001)

续表

	(1)	(2)
	cit_ fd	cit_ fd
lncit	0. 686 ***	0. 687 ***
	(0. 013)	(0. 014)
ter_ ratio	-0. 317 *	-0. 386
	(0. 170)	(0. 519)
lnpgdp	-0. 823 ***	-0. 819 ***
	(0. 065)	(0. 079)
lnpoden	-1. 442 *	-1. 438 *
	(0. 832)	(0. 826)
Imex_ ratio	-1. 055	-1. 036
	(1. 242)	(1. 205)
second_ ratio		-0. 0740
		(0. 581)
cons	14. 150 ***	14. 151 ***
	(4. 012)	(4. 025)
N	124	124
R^2	0. 874	0. 874
F	876. 7	872. 7

注：括号内数值为稳健标准误。*、**、*** 分别表示 10%、5% 和 1% 的显著性水平。经过检验，发现无显著的时间效应。为减缓多重共线性，未将城镇化水平纳入方程。

5. 4. 4　稳健性检验

5. 4. 4. 1　变换因变量

我们将因变量换为企业所得税转入的绝对额（flneit_ tr）再次进行回归。回归结果如表 5 - 10 所示。第（2）列的结果表明，电子商务的系数为负，说明电子商务越发达的地区，企业所得税转入越少（或转出越多），此结果在 10% 的显著性水平下显著。

表 5-10　　电子商务与地区间企业所得税转移（绝对额）

	(1)	(2)
	flneit_ tr	flneit_ tr
level	-0.032**	-0.018*
	(0.016)	(0.009)
yr2	-0.473**	
	(0.223)	
yr3	-0.550*	
	(0.280)	
yr4	-0.796**	
	(0.308)	
second_ ratio		29.45
		(18.225)
ter_ ratio		29.08
		(18.116)
lnpgdp		-6.340***
		(1.937)
lnpoden		-10.64
		(13.808)
Imex_ ratio		-18.264*
		(9.676)
cons	-0.861*	98.12
	(0.444)	(66.692)
N	124	124
R^2	0.217	0.345
F	3.091	4.693

注：括号内数值为稳健标准误。*、**、*** 分别表示 10%、5% 和 1% 的显著性水平。(2) 列经过检验，发现无显著的时间效应。为减缓多重共线性，未将城镇化水平纳入方程。

5.4.4.2　工具变量法

考虑到电子商务与地区间企业所得税转移可能存在的双向因果关系，我们用电子商务的滞后一期作为工具变量，用被解释变量 cit_ fd

作为因变量，进行两阶段最小二乘法的回归。回归结果如表 5－11 所示。表 5－11 第二阶段的回归结果表明，电子商务对地区企业所得税转入的影响依然为负，电子商务的系数值为－0.015，此结果在 10% 的显著性水平下显著，且该系数绝对值比表 5－3 基准回归结果中电子商务系数的绝对值要大。

表 5－11　　两阶段最小二乘法回归结果

	第一阶段	第二阶段
level		－0.015*
		(0.008)
ter_ ratio	89.535**	2.055**
	(34.821)	(0.831)
lnpgdp	－2.331	－0.728***
	(10.928)	(0.222)
lnpoden	358.162***	1.577
	(110.967)	(3.546)
Imex_ ratio	290.283*	－1.120
	(168.026)	(4.018)
l. level	－0.382**	
	(0.152)	
cons	－1909.093***	－0.182
	(567.606)	(17.645)
Davidson－MacKinnon test	5.628	
	(0.021)	
N	93	93

注：括号内数值为稳健标准误。*、**、*** 分别表示 10%、5% 和 1% 的显著性水平。Davidson－MacKinnon test 括号内数值为 p 值。

5.4.4.3　面板空间计量回归

地区间企业所得税转移在不同地区间可能存在相互影响，如某地的企业所得税转入不仅受到本地电子商务发展水平的影响，还受到其他地区电子商务水平的影响；全国企业所得税税基既定的前提下，某地企业所得税转入会受到其他地区企业所得税转入的影响。为防止基础回归结果不一致，我们通过在模型（5－1）中分别加入空间权重矩阵与地区间企业所得税转移的交互项、空间权重矩阵与电子商务的交互项、考虑扰动项的空间效应对基础回归结果进行稳健性检验，即模型（5－2）。

回归结果如表5－12所示，第（1）列为空间自回归模型的回归结果，第（2）列为空间误差模型的回归结果，第（3）列为空间杜宾模型的回归结果，第（4）列同时考虑上述三种空间计量模型。回归结果发现虽然上述空间效应并不显著，但电子商务对地区间企业所得税转移的影响依然在5%或10%的显著性水平下显著为负，且系数大小与表5－12的结果差异不大。

表5－12　电子商务与企业所得税地区间分配——空间计量回归结果

	(1) cit_ fd	(2) cit_ fd	(3) cit_ fd	(4) cit_ fd
cit_ fd				
level	−0.005 ** (0.002)	−0.004 ** (0.002)	−0.005 * (0.003)	−0.005 * (0.003)
ter_ ratio	1.217 ** (0.489)	1.494 *** (0.459)	1.494 *** (0.454)	1.216 ** (0.508)
lnpgdp	−0.417 ** (0.189)	−0.355 (0.221)	−0.367 * (0.189)	−0.471 ** (0.235)
lnpoden	−5.171 *** (1.575)	−4.946 *** (1.632)	−4.877 *** (1.611)	−5.153 *** (1.596)
Imex_ ratio	−0.839 (1.362)	−1.052 (1.371)	−0.896 (1.660)	−1.162 (1.677)
W				
cit_ fd (ρ)	−0.659 (0.478)			−0.759 (0.526)

续表

	(1) cit_ fd	(2) cit_ fd	(3) cit_ fd	(4) cit_ fd
e. cit_ fd (τ)		-0.040 (0.471)		0.188 (0.428)
Level (δ)			0.001 (0.005)	-0.002 (0.006)
sigma_ e				
cons	0.104*** (0.008)	0.106*** (0.008)	0.106*** (0.008)	0.104*** (0.008)
N	124	124	124	124

注：这里的权重矩阵是地区间距离的倒数（W）。括号内数值为标准误。*、**、*** 分别表示 10%、5% 和 1% 的显著性水平。

5.4.5 异质性分析

5.4.5.1 按生产贡献的分组回归

按生产贡献大小将样本分为三组，对模型（5-1）分别进行回归，回归结果如表 5-13 所示。分样本的回归结果发现，生产贡献最高的组别中，电子商务的系数在 10% 的显著性水平下显著为负，说明生产贡献越高的地区，若电子商务水平越高，企业所得税从其他地区的转入就越少（或企业所得税向其他地区的转出越多）。这同样是税收流失造成的。

表 5-13　　按照生产贡献分样本的分析

	(1)(低) cit_ fd	(2)(中) cit_ fd	(3)(高) cit_ fd
level	-0.002 (0.003)	-0.002 (0.001)	-0.003* (0.001)

续表

	(1)(低)	(2)(中)	(3)(高)
	cit_ fd	cit_ fd	cit_ fd
second_ ratio	-1.378	0.508	-0.624
	(1.735)	(0.784)	(1.335)
lnpgdp	-0.657	-0.670**	-0.194
	(0.504)	(0.215)	(0.303)
lnpoden	-3.567	4.340*	-2.749*
	(5.280)	(2.287)	(1.384)
Imex_ ratio	11.58	-0.068	-5.580**
	(10.914)	(0.473)	(1.800)
cons	22.63	-16.84	21.072*
	(17.713)	(11.996)	(10.601)
N	44	36	44
R^2	0.517	0.612	0.467
F	2.826	42.70	6.545

注:括号内数值为稳健标准误。*、**、***分别表示10%、5%和1%的显著性水平。经过检验,发现无显著的时间效应。为防止多重共线性,未将第三产业占比放入回归方程。

5.4.5.2 按消费贡献的分组回归

对各地消费贡献从低到高分为三组,表5-14的回归结果说明,消费贡献最低的组别中,电子商务的系数在10%的显著性水平下显著为负。说明消费贡献低的地区,电子商务越发达,越容易产生企业所得税转出。这可能与电子商务下"销售集中、消费分散"的特征相关。消费较少的地区,生产贡献往往也较低,容易使企业所得税转出至其他地区。

表 5－14　　　　按照消费贡献分样本的分析

	(1)(低)	(2)(中)	(3)(高)
	cit_ fd	cit_ fd	cit_ fd
level	-0.005*	-0.001	-0.004
	(0.003)	(0.001)	(0.003)
second_ ratio	-1.793	-0.210	-2.363
	(1.686)	(0.170)	(2.782)
lnpgdp	-0.590	-0.621***	-0.410
	(0.437)	(0.093)	(0.271)
lnpoden	-4.478	1.493*	-1.060
	(5.679)	(0.765)	(4.574)
Imex_ ratio	4.388	2.831**	-0.951
	(7.869)	(1.205)	(1.747)
cons	27.05	-0.583	13.77
	(21.683)	(3.441)	(30.678)
N	44	36	44
R^2	0.457	0.791	0.169
F	2.958	15.69	1.367

注：括号内数值为稳健标准误。*、**、*** 分别表示 10%、5% 和 1% 的显著性水平。经过检验，发现无显著的时间效应。为防止多重共线性，未将第三产业占比放入回归方程。

5.4.5.3　按地区间企业所得税转移程度的分组回归

对因变量从低到高排序分为三组，回归结果如表 5－15 所示。我们发现，因变量取值最低的一组和最高的一组，电子商务的系数在 10% 的显著性水平下显著为负。说明在这两个组别，电子商务发展水平越高的地区，企业所得税从其他地区的转入越少（或向其他地区的转出越多）。值得注意的是，因变量高值组中电子商务对地区企业所得税转出的影响程度要大于对低值组的影响，电子商务的税收流失效应不容小觑。

表 5 - 15　　按地区企业所得税转入分样本的分析

	(1)(低)	(2)(中)	(3)(高)
	cit fd	cit fd	cit fd
level	-0.003*	-0.002	-0.004*
	(0.002)	(0.001)	(0.002)
ter_ ratio	0.533	-0.243	0.611
	(0.351)	(0.276)	(1.928)
lnpgdp	-0.500***	-0.258	-0.439**
	(0.145)	(0.169)	(0.185)
lnpoden	1.936	1.454***	-1.460
	(1.302)	(0.302)	(5.265)
Imex_ ratio	0.458	2.628	-1.995
	(2.003)	(1.678)	(2.389)
cons	-3.342	-3.745*	15.48
	(5.107)	(1.952)	(30.789)
N	44	36	44
R^2	0.414	0.563	0.261
F	4.725	11.87	15.29

注：括号内数值为稳健标准误。*、**、*** 分别表示 10%、5% 和 1% 的显著性水平。经过检验，发现无显著的时间效应。

5.5 结论与政策启示

本书使用 2014—2017 年的省际面板数据，考察了电子商务对地区间企业所得税转移的影响。实证回归结果表明，电子商务发展水平越高的地区，企业所得税转入越少。进一步研究发现，虽然电子商务对地区企业所得税转入的影响为负，但电子商务发展水平越高的地区，若生产贡献越大、总部经济越发达，从其他地区转入的企业所得税就越多，说明电子商务增强了产地和总部地、注册地的税收分配优势。

之所以出现这种矛盾的结果是源于企业所得税流失的存在。机制检验发现，电子商务确实是通过减少企业所得税收入（即税收流失）来减少企业所得税转入的。由于存在税收流失，减少了电子商务发达地区的税收收入，从而减少了从其他地区转入的企业所得税。但是，即使存在税收流失，由于企业所得税制度和地区间税收分配规则本身偏向生产地、注册地和总部地，在电子商务的收入效应、流失效应和分配效应的共同作用下，电子商务也强化了这些地区的企业所得税转入能力。如此说来，税收流失的存在反而是缓和了地区间企业所得税分配差距。如果没有税收流失，电子商务环境下生产地、注册地和总部地的税收分配优势会更加突出，地区间企业所得税分配差距会进一步拉大。然而，这两种结果都不可取。只有将电子商务的发展转化为财源优势、税收优势，地方政府才有足够的积极性促进并规范电子商务的发展。如果电子商务越发达，地区企业所得税转出越多，企业所得税流失也越多，显然地方政府将缺乏发展电子商务的长远动力。

本书的政策启示是：第一，我们应该继续在分配制度上探索缓解地区间企业所得税“税收”与“税源”背离的方法，建立良性地区间企业所得税分配关系。第二，在电子商务背景下，需要考虑如何改进地区间企业所得税分配办法，提高各地发展电子商务的积极性，使电子商务的发展能落实到地区财源的增加，而不是地区税收的转出。第三，我们应继续研究探索完善电子商务税收征管，正视电子商务的企业所得税流失效应。总之，我们应积极应对数字经济对我国税收制度、税收征管、地区间税收分配规则的挑战。

6

结论与政策建议

6.1 主要结论

6.1.1 有关一般分配规则

从加拿大、美国、欧盟、我国的跨区经营企业所得税分配规则的构建与实施经验来看，合理的跨区经营企业所得税分配规则应具有以下特征：简单、公平、稳定、平衡。

第一，简单意味着要素的确定、计量与归属具有可操作性，具有遵从和管理优势。

第二，公平意味着一以贯之的分配规则，要素的选择能够正确反映企业利润的贡献来源。

第三，稳定意味着要素的多寡、要素的确定、要素的权重能够带来地区间稳定的分配格局。

第四，平衡意味着要素的选择、要素的归属地确定、要素的权重能够平衡不同地区的税收分配利益。

上述特征均需在地区间统一的跨区经营企业所得税分配规则下才能实现。

就我国而言，涉及以下问题：以什么原则确认企业利润的贡献来源；我国的跨区经营企业所得税分配规则稳定性如何；我国跨区经营企业所得税分配规则的设计是否可以平衡不同地区（如生产地和消费地、大省和小省、总机构所在地和分支机构所在地）的税收分配利益。

6.1.2 有关特殊分配规则

从美国、加拿大、欧盟的特殊行业分配规则来看，特殊分配规则集中于金融、保险、运输等行业。对于具有特殊性质的行业，有以下方法对跨区公司所得进行分配：

第一，采用全新的分配公式，包括采用新的要素、新的权重以正确反映利润创造过程。加拿大的做法属于此类。

第二，采用一般分配规则，但对该行业分配中所涉及的要素内涵及其归属的特殊性予以重新阐述，美国的做法属于此类。

第三，欧盟则是既有全新的分配方法（如航空业），也有对特殊行业分配中要素的内涵做了补充规定。

尽管加拿大对特殊行业采用了全新的分配公式，但公式相对简单。尽管美国从表面看对特殊行业采用了一般分配规则，但对要素内涵及归属的特殊性的阐述比较复杂。我们应从科学性和简便性的原则出发选择适合我国的分配规则。

特殊行业分配规则的制定有以下注意事项：只有当一般分配规则无法准确反映企业利润的贡献来源时才需制定特殊分配规则；特殊分配规则适用的行业越少越好，以防增加制度的复杂性；特殊分配规则既可以在一般分配规则下赋予分配要素以新的内涵，也可以制定全新规则，但前提是应尽量简单、便于操作。

6.1.3 有关应税联系规则

应税联系直接关系到某地的税收分配利益，是跨区经营企业所得税分配制度中的一个重要内容。通过比较加拿大、美国、欧盟、我国的应税联系规则，有以下发现：

第一，加拿大的应税联系规则建立在“实际存在”原则基础上，即“常设机构”概念的运用，营业场所、营业活动、固定性是此概念的基本要素。但21世纪越来越多的公司通过无形形式来营业，传统常设机构概念在电子商务时代的适应性大大降低。

第二，欧盟的应税联系规则采用“实际存在”原则，包括常设机构、子公司等概念的运用。欧盟认为，“经济存在”原则虽然可以很好地与“供给和需求均是所得创造的因素”的观点相融合，但“经济存在”是对公司利润征税的全新方法，与OECD当前原则不符，且会增加小公司的负担，因此放弃了“经济存在”原则。

第三，美国州公司所得税有关有形动产的销售采用“实际存在”原则，而对来自无形资产和服务的所得所采用的应税联系规则各州差异较大。自1993年Geoffrey决议以来，各州越来越重视“经济存在”原则的运用。美国跨州税收委员会（MTC）2002年通过了《对企业行为征税的要素存在联系标准》，该标准实质是在“实际存在”原则基础上补充运用“经济存在”原则。

第四，应税联系规则与跨区经营企业所得税分配规则结合共同影响跨区经营企业所得税地区间分配格局。在上述国家和地区普遍采用目的地原则的销售额（或营业收入）作为公式分配要素之一的背景下，结合经济存在原则可以更好地维护消费地的税收利益。

第五，我国跨区经营企业所得税应税联系采用实际存在原则。但由于分配公式中的营业收入要素采用产地原则，即使未来共同使用“经济存在”和“实际存在”原则解决了电商征税问题，不但不能扭转反而会扩大企业所得税从目的地流向产地的规模。

6.1.4 有关纳税主体与纳税方法

通过研究比较加拿大、欧盟、美国、我国跨区经营企业所得税的纳税主体和纳税方法的历史演变与最新进展，我们发现：

第一，加拿大仍旧使用法人纳税方式，不允许集团合并纳税；欧盟计划采用集团合并纳税；美国部分州采用“单一企业”概念实行联合申报纳税。有关“集团”的定义，欧盟采用法律标准，美国的州采用经济标准。然而，基于管理的便利性，Mclure（2004）主张采用法律标准来界定集团的内涵。

第二，公司税分配的特殊性会影响一国（或地区）对集团税制的选择。

加拿大与我国类似，仍实行法人纳税。加拿大政府虽曾试图实行集团合并纳税并就集团合并纳税的内容进行了广泛咨询，但由于担心集团税制会对省税基造成冲击等原因，各界未能就集团税制达成统一意见，以致 2013 年加拿大政府宣布暂时放弃集团税制的构建。对于美国州公司税而言，正是因为公司单独申报会增加公司州际税收筹划行为、减少州公司税，才促使某些州使用“单一企业”联合申报模式来维护州税基。欧盟的 CCCTB 计划旨在推进欧盟统一市场进程、消除税收障碍，集团合并纳税下按公式分配税基会影响成员国间的公司税分配，公平有效的税基分配规则有助于集团合并纳税制度的推进，但那些预计在公司税收入方面严重受损的国家，加入 CCCTB 计划的积极性堪忧。

第三，若要使集团税制与公司税地区间分配的属性相容，需要有公平有效的地区间公司税税基分配规则作为制度基础。

6.1.5 跨区经营企业所得税地区间分配的公平性及影响因素[①]

6.1.5.1 影响跨区经营企业所得税地区间分配的主要因素

本书利用2002—2010年的省际面板数据，考察了影响企业所得税地区间分配公平性的主要因素。分析结果表明：

首先，总部经济越发达、产业集聚水平越高、政治议价能力越强的地区，从每单位GDP中征收的企业所得税和实际获得的企业所得税就越多。

其次，2008年统一了跨省市总分机构企业所得税的地区间分配办法，这在一定程度上缓解了企业所得税地区间分配当中税收与税源背离的问题。但是总部经济在企业所得税地区间分配格局中的作用在2008年后更加突出，这其实暗含着地区间企业所得税分配差距进一步拉大的潜在因素。

6.1.5.2 跨区经营企业所得税地区间分配的公平性

本书分别从征收和实际获得角度考察了我国企业所得税地区间分配的公平性。采用2000—2011年省际面板数据、省际行业数据，分析发现：

首先，从每单位GDP所征收的企业所得税和每单位GDP所享用的企业所得税的相关评价指标来看，总体而言，北京、上海、广东、天津、浙江、福建等沿海发达地区在现行企业所得税分配制度下处于优势地位。企业所得税向北京和上海等总部经济发达的地区集中的趋势非常明显。广大中西部地区在现行企业所得税分配制度下处于劣势地位。

其次，2002年以来的两次企业所得税分配制度改革虽然在一定程

① 本部分总结自第三章，取自本书的阶段性研究成果，《企业所得税地区间分配的公平性研究》（《中南财经政法大学学报》，2013（3））和《企业所得税地区间分配公平性的比较分析——基于行业的数据》（《中央财经大学学报》，2014（1））。

度上缩小了不同地区每单位 GDP 所征收的企业所得税的差距，但从每单位 GDP 所享用的企业所得税这一指标来看，不同地区的差距却在拉大。这突出反映了两次改革的结果是使得中西部地区在企业所得税的享用环节处于劣势，同样的税源不能获得同样的税收，这使中西部地区财力普遍不济的情况下，对中央的转移支付依赖会增强。结果会造成两方面的负面效应：发达地区方面，形成了夸大的贡献观和财政收入的过度使用；广大中西部地区方面则可能通过寻租方式来获取中央的转移支付。

6.1.6 不同分配公式下企业所得税地区间分配的公平性和稳定性的比较分析[①]

通过制度比较以及数据分析，发现我国现行的跨区经营企业所得税地区间分配制度不尽理想，现行制度一方面未能很好地平衡总机构和分支机构所在地的税收利益，另一方面未能很好地平衡生产地和消费地的税收利益；此外还受制于既有的税收利益分配格局。

为了寻求增进地区间企业所得税分配公平性的路径，本书借鉴国际经验构建了八种跨区经营企业所得税分配公式，并使用 2008—2011 年省级企业所得税相关数据从公平性和稳定性两方面分析了这些分配公式可能的地区间税收分配效应。分析结果表明：

第一，相对少因素的分配公式，多因素的分配公式会产生更加稳定的税收分配格局，但消费地原则的分配公式在稳定性上并不明显优于生产地原则的分配公式。

第二，三因素法中，如果用职工人数代替职工工资，北京、上海等职工工资高的地区其分配的企业所得税将下降 10% 左右，这意味着若以职工人数代替职工工资，地区间企业所得税分配格局中总部经济所在

① 本部分取自第四章，来源于本书的阶段性研究成果，《不同因素法下企业所得税地区间分配的公平性和稳定性的比较分析》，见《湖南社会科学》，2016（4）。

地税收额将减少、产地的税收额将增加。

第三，消费地原则的多因素公式优于生产地原则的多因素公式。以三因素和四因素法为例，相比产地原则下的分配公式，消费地原则的分配公式情况下约 2/3 的地区的企业所得税收入得以增加，地区间的税收利益得以更好地平衡、公平性增加。

第四，分配公式由三因素调整为四因素能够增强地区间分配的公平性，但对全国 2/3 以上的地区的税收收入影响小于 2%，总体而言调整效应较小。

总之，统一的、以消费地原则衡量营业收入的多因素分配公式有利于建立更加公平稳定的地区间企业所得税分配格局。

6.1.7 电子商务与地区间企业所得税分配格局

本书考察了电子商务背景下，地区的电子商务发展水平对地区企业所得税转移的影响。使用 2014—2017 年省际面板数据的研究发现：

第一，电子商务对企业所得税转移有显著的负向影响，电子商务发展水平越高的地区，从其他地区转入的企业所得税越少。

第二，电子商务水平越高、产地贡献越大的地区，企业所得税从其他地区的转入也越多。电子商务发展水平越高、总部经济越发达的地区，企业所得税从其他地区的转入也越多。说明电子商务增强了产地、总部所在地的企业所得税分配优势。

第三，现实中由于电商税收征管不完善，电子商务越发达的地区，企业所得税越少，税收流失越多，从其他地区转入的企业所得税收入也越少（或者说向其他地区的企业所得税转出越多）。说明电子商务对企业所得税转移的负向影响主要是通过税收流失实现的。

因此，电商背景下的地区间企业所得税分配，不仅面临着如何完善跨区经营企业所得税分配规则以扭转偏向总部、产地、注册地的分配格局问题，还面临着如何加强税收征管，以有效治理企业所得税的税收流失问题。

6.2 政策建议[①]

6.2.1 以税收方式来处理跨区经营企业所得税的地区间分配问题

完善我国分税制财政管理体制的基本内容，明确以税收方式来处理跨区经营企业所得税分配问题，这是妥善处理地区间企业所得税分配矛盾的首要前提。

目前全国大概92%的税收都不同程度地存在着税收与税源不一致的问题，而分税制财政体制主要调节中央和地方间的财政分配关系，缺乏对横向政府间税收分配问题的关注。

如果地区间税收分配规则缺失、无法有效解决税收与税源不一致现象，就会使得税制本身具有了导致不公平的内在机制。就跨区经营企业所得税的地区间分配格局而言，主要是税收从消费地、分支机构所在地流向生产地、总机构所在地。总体而言是从欠发达的中西部地区流向工商业中心发达的大城市和东部地区。如前所述，结果会造成两方面的负面效应：发达地区方面，形成了夸大的贡献观和财政收入的过度使用；广大中西部地区方面，加强了对中央财政转移支付的依赖，并且可能以寻租方式来获取中央的转移支付，最终必然影响地方政府提供公共服务的能力和效率。

---

① 本节部分内容取自本书的阶段性研究成果，《我国跨地区经营企业所得税分配的冲突与协调》，见《税务研究》，2012（6）。

因此，应该首选横向税收分配制度而非纵向转移支付制度来解决跨区经营企业所得税的地区间分配问题。如许善达（2008，2010）所指出的，各地政府的税收权利是平等的，一个地方创造的税收，就应该给这个地方政府，用来为这个地方的居民提供公共服务。作为共享税的企业所得税，应在横向的税收分配制度和纵向的税收分配制度发挥各自作用以后，再辅以纵向的政府间转移支付以实现公共服务均等化。

6.2.2 以公平和效率原则来构建跨区经营企业所得税分配制度

在明确使用税收方式解决地区间企业所得税分配矛盾的前提下，结合企业所得税的属性和地方政府提供公共服务的基本职责，我国跨区经营企业所得税分配的税收协调机制应遵循以下原则：

6.2.2.1 公平分配原则

第一，取消维护既得利益、加剧跨区经营企业所得税分配不公平格局的因素。

从跨区经营企业所得税分配手段来看，财政分配有加大地区间税收收入差距和经济差距的负面效应。按照现行分配办法，总机构应将统一计算的企业当期应纳税额当中需在地方政府间进行分配的25%部分，就地全额缴入中央国库，由财政部按照2004—2006年各省市三年实际分享企业所得税占地方分享总额的比例定期向各省市分配。这实际上是对原有企业所得税分配格局的维持和继续。根据王道树（2007）的计算，自2001年以来，省际人均营业盈余差异已逐渐变小，省际人均内外资企业收入差异却逐渐变大。说明原有的企业所得税分配制度已经大大不利于地方政府间公平的收入分配格局。根据财预〔2008〕25号文件，财政部所核定的跨省市总分机构企业所得税地区间分配系数较高的省市包括北京、上海、浙江、江苏、广东等发达地区和中心城市。显然，这种财政分配方法只会继续加大地区间税收收入差距而不能有效解决分支机构所在地和欠发达地区的税源流出问题，应予以取消。

第二，跨区经营企业所得税分配制度应对利益相关方一视同仁。

这意味着应采用统一的分配公式在总机构和分支机构所在地间分配跨区经营企业所得。根据现行分配办法，总机构所在地可直接获得25%的企业所得，分支机构所在地间按照公式分配企业所得。此种分配方式不考虑总机构生产经营状况的好坏，与按照公式法统一对企业所得税在不同地区间进行分配相比，总机构所在地政府获得的税收可能会过多或过少，而且一般情况下总机构所在地获得的税收是过多了。目前跨区经营企业所得税分配对总机构所在地和分支机构所在地采用差别对待政策，显然不符合税收公平分配所要求的一以贯之原则，不利于扭转现行企业所得税分配地区差距扩大的局面。

第三，使用税收与税源一致的原则来设计跨区经营企业所得税分配规则。

公平分配要求按照税收与税源一致的原则来设计跨区经营企业所得税分配规则。这要求对税收与税源一致原则做出明确阐述。借鉴美国、欧盟、加拿大等国和地区的经验，本书也认为供给和需求共同对利润的创造做出贡献。供给主要是企业生产中使用的生产要素，而需求则是利润的最终实现。税收与税源一致，要求对跨区经营企业所得在地区间分配时，所使用的公式应同时反映供给和需求的贡献。

此外，为了使纳税地（通常也是税收使用地）与税源地统一，应使用目的地原则来量化需求。这才能实现对生产地和消费地的公平分配。

6.2.2.2 效率原则

经济效率原则要求跨区经营企业所得税分配制度保持经济中性。即地区间企业所得税分配制度应避免影响企业正常的生产经营、抑制地方政府对企业生产经营的不适当干预，避免地方政府之间基于税收目的的恶性竞争。Musgrave（1984）早已指出，对于一国内的不同辖区，采用居住地原则分配税基，往往会有人为性和多变性。偏向总机构所在地的企业所得税分配政策，会导致地区间对总机构选址的过度竞争，扰乱稳定的税收分配秩序。偏向总机构所在地的税收分配政策还影响地方政府对待本区域企业的态度，影响企业组织形式的选择。例如，为了保证地方税收收入，地方政府会通过行政压力迫使本区域内不具有法人资格的分支机构变更为法人企业；将区域内总机构在外省市设立的法人企业变更为非法人性质的分支机构，从而干扰企业正常的组织形式，使法人纳税的优越性遭到部分抵消。因此经济中性原则也要求放弃偏向总机构所在地的税收分配政策。

经济效率原则也要求分配公式中采用目的地原则的营业收入。产地原则的营业收入，会促使地方政府偏向生产性企业而忽视服务业，从而扭曲资源配置。

行政效率原则要求跨区经营企业面临较低的遵从成本，各地税务机关能以较低的征管成本实现跨区经营企业所得税在地区间分配的公平性、准确性与及时性。

6.2.3 构建公平、有效的跨区经营企业所得税分配的税收协调机制

6.2.3.1 一般分配规则的构建

地区间税收分配的公平与效率原则要求我国跨区经营企业所得税地区间分配规则应具有统一、公平、简单、稳定、平衡、有效的特征。

首先，统一即在统一的跨区经营企业所得税分配规则下对跨区经营所得进行分配，即全部采用税收方式分配。

其次，采用的分配公式应包含产地原则的资本和劳动以及目的地原则的营业收入，以准确反映企业利润的贡献来源，平衡产地与消费地、总机构所在地与分支机构所在地、发达地区与欠发达地区间的税收利益，构建地区间公平、平衡的分配格局。

最后，采用多因素的税收分配公式。如采用资产价值、职工工资、职工人数以及消费地原则的营业收入的四因素分配公式（权重依次为1/3、1/6、1/6、1/3），或资产价值、职工工资以及消费地原则的营业收入的三因素分配公式（权重均为1/3），都有利于构建地区间稳定的税收分配格局。相比而言，四因素比三因素分配公式更能增进分配的公平性，但增进程度较小。为此，应结合税收的行政效率来确定是选择四因素分配公式还是三因素分配公式。

6.2.3.2 特殊分配规则的构建

当一般分配规则无法很好地反映企业利润的创造时，可以根据特殊行业的特点制定特殊分配规则，统一、公平、简单、稳定、平衡、有效依然是其主要特征。统一是基本前提，不应出现一行业多种分配规则的情况。此外，特殊分配规则应越少越好。

6.2.3.3 我国跨区经营企业所得税地区间分配规则的制约因素、长期目标与现实选择

（1）制约因素与长期目标

理想的跨区经营企业所得税分配公式应采用消费地原则的营业收入，但这点受到我国流转税的生产地课税现状的制约。未来应探索实施消费地原则的流转税，可以为跨区经营企业所得税分配中消费地原则的营业收入的实施提供制度基础。

使用包含消费地原则的营业收入的跨区经营企业所得税分配的三因素或四因素分配规则，结合消费地原则的流转税，可以有效解决现行企业所得税（以及流转税）从消费地流出到产地的趋势，平衡产地与消费地、总机构与分支机构所在地、发达地区与欠发达地区之间的税收利益。

分配公式中采用消费地原则的营业收入因素还有利于缓解电子商务环境下总机构和分支机构所在地、生产地和消费地之间的税收利益矛

盾。未来电子商务普遍化环境下，应以构建公平稳定的地区间企业所得税分配格局为导向改革应税联系规则，采用“实际存在”辅以“经济存在”原则，更好地维护和平衡各地的税收利益。

（2）现实选择

鉴于我国产地原则的流转税制度现实，应先放弃对总机构所在地单独分配税收和财政分配方式，对总机构所在地和分支机构所在地间实行统一的税收分配规则。在当前还不能按目的地原则确认营业收入因素的制度约束下，权衡公平、经济效率和行政效率原则，可以考虑扩充三因素为四因素，即以职工工资和职工人数共同作为劳动要素的衡量指标，并适当增加其权重。例如可以采取职工工资、职工人数各占1/6、营业收入和资产总额各占1/3权重的分配公式。这样可以在一定程度上缓解我国目前税收收入由消费地流向产地的单一趋势造成的地区间税收差距，促进辖区间的财政公平。未来应积极创造条件实行消费地原则的流转税改革，为跨区经营企业所得税分配规则中营业收入从产地原则转向消费地原则提供制度准备。

6.2.3.4 择机稳步推进企业集团合并纳税制度

（1）应首先建立企业集团合并纳税与企业所得税地区间分配属性相容的制度基础

我国现行跨省经营企业所得税分配规则与集团税制是不相容的，不利于产生公平、稳定的地区间税收分配格局。总体而言，跨省经营企业所得税分配规则有利于总部所在地、生产地，不利于分支机构所在地和消费地。若采用现行分配规则并采用集团合并纳税制度，将进一步扩大地区间税收差距，促使税收从欠发达地区、分支机构所在地、子公司所在地、消费地流向发达地区、母公司所在地和生产地。这将使得税制本身具有导致严重不公平的内在机制。因此，集团合并纳税制度虽是我国企业所得税制未来的发展方向，但目前正式的集团合并纳税制度还不具备普遍推出的条件。

考虑到我国企业所得税的地区间分配属性，未来重启集团合并纳税制度须有公平、有效的跨区经营企业所得税分配规则作为制度基础。这包括分配规则对总机构和分支机构无差别对待、放弃维护既得利益的财政分配以及更加注重消费地的税收利益等内容。

（2）在上述条件的基础上，可以考虑重启企业集团合并纳税制度

着重考察合并纳税对相关地区税基的冲击效应并制定相应对策，包括：第一，引进集团合并纳税制度，应选取不同行业的典型企业进行合并纳税试点，建立监控系统以追踪合并纳税对不同省份企业所得税税基的冲击。第二，应考虑可能的省际补偿机制和税收保障机制，即如果实行集团合并纳税制度后，有省份出现大额持续的税收净损失，应由中央财政启动税收补偿和保障机制。第三，为防止企业集团操纵公式分配中所涉及的要素来降低集团税负，可以借鉴欧盟制定反避税或反滥用条款。第四，在制度设计上，可规定企业集团的成员留在集团内部的最小期限，以保障省际税基分配的稳定性。第五，未来若采取企业集团合并纳税，当集团从事多业经营时，有两种方法可供选择：一是以主业来确定是适用一般规则还是特殊规则，此种方法比较简单但会有公平方面的损失；二是就不同的业务分别计算所得、适用分配规则，此种方法比较复杂、且会增加集团合并纳税下的制度成本，会有效率方面的损失。应对分配公平和效率原则权衡后二选一或选取两者的某种组合。

6.2.3.5 建立有效的地区间税收征管合作、协调与纠纷处理机制

跨区经营企业所得税分配中税收征管是关键一环。有效的税收征管有利于降低跨区经营企业所得税分配中的征管成本、有利于维护中央和地方的税收利益。

综观国外跨区经营企业所得税分配征管经验，美国有跨州税收委员会（MTC）、税务管理联合会（FTA）、州税委员会（COST）等机构。MTC 由州征税机构组成，制定跨州经营公司所得税分配规则、开展跨州经营公司所得税的联合审计等均是 MTC 的重要职责；FTA 也是由州

征税机构组成，职责是在征管方面增进州际信息交换和州际合作，降低跨州经营公司所得税征管与分配的成本；而 COST 则主要由跨州公司组成，旨在推进跨州公司经营中的州际公平和无歧视的税收待遇。这些自愿性组织在促进州际公司所得税分配规则的统一和公平方面发挥了重要作用，而加拿大的省（或地区）公司所得税由加拿大联邦政府所属的加拿大税务局统一征收和管理，在维护跨省经营公司所得税分配规则统一、降低跨省经营公司所得税征管和分配成本方面发挥了重要作用。欧盟的 CCCTB 也计划构建公司集团所得税缴纳的一站式服务体系。

在历史、所得税分享制度改革、税制改革等因素的作用下，我国跨区经营企业所得税征管中，企业不仅要面对不同总分支机构所在地的税务机关，还可能同时面对国税、地税两套税务机构。不同地区的税务机关、两套税务机构并存使得跨区经营企业所得税征管和分配的环境复杂化，信息交流障碍、信息共享障碍、协调障碍、沟通不畅，均会影响跨区经营企业所得税分配的及时性、准确性和公平性。

2018 年我国启动政府机构改革，按照《深化党和国家机构改革方案》对国税、地税征管体制进行改革，合并省级及以下国税、地税机构。2018 年 6 月 15 日，各省（自治区、直辖市、计划单列市）国税局和地税局正式宣告合并。两套系统的合并，将大大减轻企业税收遵从负担。然而，跨区经营企业依然会面临不同地区税务机构信息沟通等方面的障碍。因此，应以国家税务总局为主导，构建网络化、信息化平台，着力加强总机构和分支机构所在地的税收征管机构之间关于跨区经营企业的财务、经营、组织形式、分配信息、涉税信息的共享与业务合作。建议在国家税务总局层面设立对跨区经营企业所得税分配中的纠纷进行协调和处理的机构。由总机构所在地税务机关或分支机构所在地税务机关提起申请，在国家税务总局相关部门的组织协调下，各地税务机构可以对跨区经营企业的所得税征管和分配进行联合审计，在税收征管层面增进跨区经营企业所得税分配的公平和效率。

参考文献

一、中文文献

[1] 白彦锋，张琦．我国电子商务税收稽征问题探讨［J］．税务研究，2014（02）：65－68.

[2] 陈鑫．美国州际公司所得税协调机制及对我国的启示——以MTC为例［J］．税务与经济，2008，（6）.

[3] 陈鑫．我国政府间企业所得税分配问题研究［M］．北京：经济科学出版社，2011.

[4] 陈鑫．我国跨地区经营企业所得税分配的冲突与协调［J］．税务研究，2012，（6）.

[5] 陈鑫，刘生旺．企业所得税地区间分配的公平性研究［J］．中南财经政法大学学报，2013，（3）.

[6] 陈鑫，刘生旺．不同因素法下企业所得税地区间分配公平性和稳定性的比较分析［J］．湖南社会科学，2016，（4）.

[7] 陈鑫，刘生旺．不同因素法下企业所得税地区间分配公平性和稳定性的比较分析［J］．江海学刊，2020，（6）.

[8]《中华人民共和国企业所得税法实施条例》立法起草小组．中

华人民共和国企业所得税法实施条例释义及适用指南［Z］. 北京：中国财政经济出版社，2007.

［9］崔运政. 我国跨地区企业所得税转移和分配问题研究［J］. 税务研究，2010，(10).

［10］常世旺. 公式分配法：国际税收协调新方式［J］. 涉外税务，2005，(8).

［11］邓远军. 企业所得税汇总纳税下的区域税收分配问题探析［J］. 税务研究，2010，(11).

［12］邓子基，李为巍. 总部经济与地方财税［J］. 税务研究，2011，(2).

［13］谷国锋，许瑛航. 中国地级市电子商务发展水平的空间格局及影响因素. 经济地理，2019，39 (10)：123－129.

［14］何炜，雷根强. 财政压力、税收转移与增值税分成机制探索［J］. 财贸经济，2018 (08)：5－20.

［15］胡怡建. “两法合并”改革需重构财政关系［J］. 涉外税务，2007，(9).

［16］贾康，阎坤，鄢晓发. 总部经济、地区间税收竞争与税收转移［J］. 税务研究，2007，(2).

［17］金合赋. 企业集团跨区经营税收分配初论［J］. 税务研究，2008，(8).

［18］靳万军，付广军. 法人所得税制必须妥善解决收入分配问题［J］. 财政研究，2008，(1).

［19］靳万军. 区域税收分配简论［J］. 税务研究，2012，(2).

［20］靳万军，付广军主编. 企业集团税收调查［C］. 北京：中国税务出版社，2008.

［21］靳万军，付广军主编. 外国州际税收调查［C］. 北京：中国税务出版社，2009.

[22] 靳万军，付广军主编．税收分配效率调查［C］．北京：中国税务出版社，2010.

[23] 靳万军，付广军主编．区域税收分配调查［C］．北京：中国税务出版社，2011.

[24] 雷根强，陈鑫．公司所得税地区间分配的经验与启示［J］．财政研究，2010，(6).

[25] 雷根强，何惠敏．产业集聚对我国区域税收竞争的影响［J］．税务研究，2009，(9).

[26] 李建军．税收背离与地区间财力差异［J］．经济评论，2013，(4).

[27] 李建军，王瑞祥．谁从政府间税收划分中受益？——基于税收背离和税收受益的分析［J］．财经问题研究，2018 (1)：76－84.

[28] 刘金山，王倩．中国区域税收转移的统计分析［J］．统计与信息论坛，2009，(10).

[29] 刘怡，耿纯，张宁川．电子商务下的销售新格局与增值税地区间分享［J］．税务研究，2019，(9)：25－34.

[30] 陆施予，李光勤．税收负担与企业电子商务——来自世界银行中国企业调查数据的经验证据［J］．财贸经济，2018，39 (7)：34－48.

[31] 税收与税源问题研究课题组编．区域税收转移调查［C］．北京：中国税务出版社，2007.

[32] 王长勇．谁的企业所得税？［J］．财经，http://www.caijing.com.cn/templates/inc/content.jsp?infoid=21738&type=0&ptime=20070609，2007.

[33] 王道树．企业所得税收入归属机制研究［J］．财贸经济，2007，(4).

[34] 王法忠，刘新春．美国跨州经营企业所得税地区间分配方法及对我国的借鉴意义［J］．税务研究，2004，(3).

[35] 邢俊英. 总部经济对区域税收的贡献分析 [J]. 税务研究, 2005, (4).

[36] 徐超, 吴一平, 王健. 电子商务、资源获取与中国民营企业绩效 [J]. 经济社会体制比较, 2016 (01): 67－80.

[37] 杨斌. 国际税收 [M]. 上海: 复旦大学出版社, 2003.

[38] 杨斌. 财政学 [M]. 大连: 东北财经大学出版社, 2011.

[39] 叶振鹏, 周金荣. 我国企业所得税汇总纳税跨地区税收转移问题研究 [J]. 财政研究, 2008, (2).

[40] 郁晓, 赵文伟. B2C 电子商务对地区增值税税负影响研究 [J]. 财经论丛, 2019, (4): 26－36.

[41] 岳树民, 高春. 电子商务课税"突围": 立足有效征管的制度设计 [J]. 财贸经济, 2013, (4).

[42] 张波. 企业所得税收入划分: 比较与启示 [J]. 财贸经济, 2007, (6).

[43] 朱军. 我国电子商务税收流失问题及其治理措施 [J]. 财经论丛, 2013 (2): 42－49.

[44] http://www.caijing.com.cn/2010－02－02/110370576.html.

[45] http://www.caijing.com.cn/2009－06－23/110188116.html.

[46] http://www.caijing.com.cn/2008－10－11/110019379.html.

[47] http://www.caijing.com.cn/2008－04－23/100058148.html.

二、英文文献

[1] Devereux, Michael P., and Simon Loretz. "The Effects of Eu Formula Apportionment on Corporate Tax Revenues." Fiscal Studies, 2008, 29 (1), pp. 1—33.

[2] European Commission. "Company Taxation in the Internal Market." Commission Staff Working Paper, COM (2001) 582 final, 2001.

[3] European Commission. "CCCTB: Possible Elements of a Technical Outline." Common Consolidated Corporate Tax Base Working Group Document, CCCTB/WP057 \ doc \ en, 2007.

[4] European Commission. "CCCTB: Possible Elements of the Sharing Mechanism." Common Consolidated Corporate Tax Base Working Group Document, CCCTB/WP060 \ doc \ en, 2007.

[5] European Commission. "Proposal for a Council Directive——on a Common Consolidated Corporate Tax Base (CCCTB)," 2011.

[6] Fox, William F., Matthew N. Murray, and LeAnn Luna. "How should a Subnational Corporate Income Tax on Multistate Businesses be Structured?" National Tax Journal, 2005, 58 (1), pp. 139—159.

[7] Frieden, Karl. "Cybertaxation: The Taxation of E—Commerce." Chicago: CCH Inc., 2000.

[8] Fuest, Clemens, Thomas Hemmelgarn, and Fred Ramb. "How would the Introduction of an Eu - Wide Formula Apportionment Affect the Distribution and Size of the Corporate Tax Base? An Analysis Based on German Multinationals" International Tax and Public Finance, 2007, 14 (5), pp. 605—626.

[9] Goolsbee, Austan, and Edward L. Maydew. "Coveting Thy Neighbor's Manufacturing: The Dilemma of State Income Apportionment." Journal of Public Economics, 2000, 75, pp. 125—143.

[10] Gupta, Sanjay, and Lillian F. Mills. "Does Disconformity in State Corporate Income Tax Systems Affect Compliance Cost Burdens?" National Tax Journal, 2003, 56 (2), pp. 355—371.

[11] Han, W. "The Analysis on Chinese E - commerce Tax Losses

Based on the Perspective of Information Asymmetry". Electron Commer Res (2018) . https://doi.org/10.1007/s10660-018-9318-7.

[12] Harriss, C. Lowell. "Interstate Apportionment of Business Income." The American Economic Review, 1959, 49 (3), pp. 398—401.

[13] Hellerstein, Walter, and Charles E. Mclure Jr. "The European Commission's Report on Company Income Taxation: What the Eu Can Learn from the Experience of the US States." International Tax and Public Finance, 2004, 11, pp. 199—220.

[14] Hellerstein, Jerome R., and Walter Hellerstein. State Taxation. 3rd ed. Boston: Warren, Gorham, and Lamont, 1998, revised 2007.

[15] Hildreth, W. Bartley, Matthew N. Murray, and David L. Sjoquist. "Interstate Tax Uniformity and the Multistate Tax Commission." National Tax Journal, 2005, 58 (3), pp. 575—589.

[16] Maguire, Steven. "State Corporate Income Taxes: A Description and Analysis." CRS Report for Congress, 2006.

[17] McLure, Charles E., Jr. "The Interstate Exporting of State and Local Taxes: Estimates for 1962." National Tax Journal, 1967, 20 (1), pp. 49—77.

[18] McLure, Charles E., Jr. "The State Corporate Income Tax: Lambs in Wolves' Clothing." in H. J. Aaron and M. J. Boskin (eds), The Economics of Taxation, Washington, D. C.: Brookings Institution, 1980.

[19] McLure, Charles E., Jr. "The Elusive Incidence of the Corporate Income Tax: The State Case." NBER working paper, 1981, No. 616.

[20] McLure, Charles E., Jr. "Implementing State Corporate Income Taxes in the Digital Age." National Tax Journal, 2000, 53 (4), pp. 1287—1305.

[21] McLure, Charles E., Jr., and Walter Hellerstein. "Does

Sales—Only Apportionment of Corporate Income Violate the Gatt?" NBER working paper, 2002, No. 9060.

[22] McLure, Charles E., Jr. "Understanding the Nuttiness of State Tax Policy: When States Have Both too much Sovereignty and not Enough." National Tax Journal, 2005, 58 (3), pp. 565—573.

[23] McLure, Charles E., Jr. "Understanding Uniformity and Diversity in State Corporate Income Taxes." National Tax Journal, 2008, 61 (1), pp. 141—160.

[24] Musgrave, Peggy B. "Principles for Dividing the State Corporate Tax Base" in "Tax Policy in the Global Economy", Cheltenham: Edward Elgar, 2002.

[25] Oates, Wallace E. "An Essay on Fiscal Federalism." Journal of Economic Literature, 1999, 37 (3), pp. 1120—1149.

[26] Pethig, Rüdiger., and Andreas Wagener. "Profit Tax Competition and Formula Apportionment." International Tax and Public Finance, 2007, 14 (6), pp. 631—655.

[27] Smith, Ernest H. "Allocating to Provinces the Taxable Income of Corporations: How the Federal Provincial Allocation Rules Evolved." Canadian Tax Journal, 1976, 24, pp. 545—571.

[28] Tiebout, Charles M. "A Pure Theory of Local Expenditures" The Journal of Political Economy, 1956, 64 (5), pp. 416—424.

[29] Weiner, Joann Martens. "Company Tax Reform in the European Union." New York: Springer, 2006.

[30] Wildasin, David E. "State and Provincial Corporation Income Taxation: Current Practice and Policy Issues for the US and Canada." Canadian Tax Journal, 2000, 48 (2), pp. 424—441.、

[31] www. mtc. gov.

[32] http：//www. fin. gc. ca/fin - eng. asp.

[33] http：//www. taxadmin. org/.

[34] http：//ec. europa. eu.

后 记

本书是在本人主持的国家社会科学基金项目《我国跨区经营企业所得税分配的税收协调机制研究》研究成果基础上拓展整理而成。近些年来企业跨区经营趋势日益普遍，引申出来的税收与税源不匹配问题也日益复杂。相对其他税种而言，企业所得税的地方政府间分配更加复杂，不仅存在纵向税收分配关系，也存在横向税收分配关系。数字经济在我国迅猛发展，很多情况下，企业无需在其他地区设立分公司或子公司，加之数字经济在区域间发展不平衡，进一步加剧了税收与税源不匹配问题。国内统一大市场日益形成，面对当前少数国家的逆全球化举动和新冠肺炎疫情有可能成为长期流行性疾病的国际形势，国家“十四五”规划提出要构建以国内大循环为主体、国内国际双循环相互促进的新发展格局，可以预见，强大的国内市场构建必向纵深推动。在资金、资源、生产要素加速流动背景下，深入理解企业跨区经营带来的地区间税收分配矛盾并尽力化解此矛盾，对于我国区域经济的良性循环发展具有重要意义。

课题从立项到结项再到书籍出版，经历了较长的时间。在此期间，我经历了生子、丧母、工作调动、再次安家、适应新的工作单位等人生变动。幸运的是，在这八年的人生变迁中，我的亲人、朋友、老师、同事和领导都给予过我善意的支持和理解。感谢我的先生刘生旺，他二十年如一日对家庭辛勤付出并对本书写作提供大力支持。感谢我的父亲，他在我求学道路和人生道路中始终默默地支持和付出。感谢山西财经大学财政与公共经济学院财政系的各位老师和同仁，他们为我营造了温馨的工作环境。感谢云南财经大学，这是我课题开始的地方。

由于作者水平有限，书中难免存在错误和遗漏，还请各位专家读者不吝赐教。

陈鑫

2021 年 6 月